MISTICA FASCISTA

I valori eterni, essenziali primordiali del Fascismo.

a cura di Marco Piraino e Stefano Fiorito

ISBN 978-1-716-47584-9

LULU.COM – 2020

…Lo spirito mistico che anima la Scuola è in giusta relazione al correre del tempo che non conosce dighe, né ha limiti critici. Mistica è un richiamo a una tradizione ideale che rivive trasformata e ricreata nel programma dei giovani fascisti innovatori.

Arnaldo Mussolini (Dal discorso *"Coscienza e Dovere"*)

…Vi ringrazio della lettera che mi avete inviato da Bir Gandula, da quello squallido luogo di tappa della sud-gebelica cirenaica in cui Berto Ricci morì. Giorgio Pini vi ha avuto accanto nell'ora in cui i resti del poeta vennero tumulati nel cortile della caserma di Barce. Terrò care le foto di quella tomba, così come sempre terrò care quelle di Guido Pallotta morto ad Alam-el-Nibeiwa, come quelle di Luciano Mele, vostro compagno d'Africa Orientale, morto durante i giorni spagnoli dell'Ebro. Il mio pensiero va a Niccolò Giani, a Renzo Bertoni, a tutti i vostri amici, a me devotissimi, caduti per la difesa della rivoluzione, offerta dalla cultura del fascismo al Moloch della guerra proletaria. Finché una civiltà è in grado di destinare alla propria vicenda ragazzi degni del nome di quei letterati, nessuna speranza italiana di libertà andrà mai perduta.

Benito Mussolini (in Y. De Begnac, *"Taccuini mussoliniani"*, pp. 438 – 439)

…La Scuola (di Mistica fascista) riafferma la fede assoluta nel DUCE e nella sua Rivoluzione come la sola portatrice di quei principi e di quelle idee vitali da cui e per cui l'Italia e i popoli potranno trovare la nuova civiltà che da oltre un secolo si ricerca. […] La Scuola perciò assume posizione aperta contro la persistente mentalità del conformismo, contro il pavido spirito a-rivoluzionario espresso dalla consuetudine agnostica dell' *"adesso non si può dire, adesso non si può fare."* […] La Scuola considera il movimento di Mussolini essenzialmente come un gettito violento di idee destinate a creare la nuova civiltà. Il dovere dei giovani è quello di non accettare passivamente queste idee quali concetti statici, ma di conoscerle fino a possederle come convinzioni morali per farne una forza propria che determini, su un piano di preparazione adeguata, l'azione ed il pensiero…

(Dalla dichiarazione della Consulta della Scuola di Mistica fascista, 19 febbraio 1942, in D. Marchesini, *"La Scuola dei gerarchi"*, Milano, 1976, pp. 209-210)

Mistica Fascista – I valori eterni, essenziali, primordiali del Fascismo, prima edizione 2020, © Marco Piraino, ISBN 978-1-716-47584-9

INDICE

INTRODUZIONE DEI CURATORI

Il 19 e 20 febbraio 1940 si tenne a Milano il primo (ed unico!) convegno nazionale della Scuola di Mistica fascista, argomento centrale dell'incontro fu *"Perché siamo dei mistici"*. Al cospetto delle autorità del Partito Nazionale Fascista e d'illustri rappresentanti della cultura italiana, accademica e non, presenti circa 500 partecipanti, l'evento rappresentò il momento più alto (sia dal punto di vista della risonanza politica nazionale che dal punto di vista dell'elaborazione ideologica) raggiunto nei dieci anni di attività della Scuola (era nata, infatti, nel 1930 ad opera di un nucleo di giovani del Gruppo Universitario Fascista di Milano, guidati da Niccolò Giani, colui che fino alla morte fu il direttore nonché l'animatore indefesso di tale istituto d'avanguardia del Regime), dove i convenuti nei due giorni a disposizione discussero con enfasi animata da grande passione i tre temi ufficiali principali (1°- *"Tradizione anti-razionalistica e anti-intellettuale del pensiero degli italici"* ; 2° - *"Caratteristiche e momenti mistici della storia d'Italia"* ; 3° - *"Valore e funzione della Mistica nella dinamica della Rivoluzione Fascista"*) e dove vennero stabiliti una volta per tutte e definitivamente il significato filosofico ed i fini politici della Mistica fascista. Molto si è scritto negli ultimi anni sulla Scuola diretta da Giani (tanto a proposito quanto a sproposito!), sia riguardo la storia complessiva dell'istituto che sulle vite di alcuni dei suoi esponenti più conosciuti. Quel che però maggiormente conta è che, in generale, da parte di chi ha affrontato tale materia, non solo ci si è addentrati nell'esame dell'influenza politica da essa esercitata nelle vicende dell'Italia mussoliniana con esiti raramente a mala pena convincenti, ma peggio ancora, si sono anche arrischiate interpretazioni sui contenuti ideali e sui fini della mistica fascista spesso a dir poco fuorvianti, in tutti i casi insoddisfacenti. Precisiamo subito, allora, che oggetto di questa pubblicazione non sono affatto le vicissitudini storiche della Scuola milanese né quelle dei singoli personaggi che ne furono rappresentanti di spicco. Non lo è nemmeno il percorso esegetico-dottrinale attraverso il quale, tramite una serie di scritti redatti lungo tutto il corso degli Anni 30, il gruppo dei mistici andò elaborando gradualmente la propria meta ideale in modo definitivo, ribadendo sempre e comunque che a fondamento assoluto del proprio pensiero stava la concezione spirituale espressa nell'ideale del Duce, nonché i precetti riferiti nel discorso di Arnaldo Mussolini, *"Coscienza e Dovere"*, pronunciato in occasione dell'inaugurazione della Scuola medesima. Materia del presente volume, invece, come ribadiscono titolo e sottotitolo del libro, è la Mistica Fascista in quanto tale, nei suoi valori eterni, essenziali e primordiali, ossia, per come essa venne esposta e fissata nei principi fondamentali e definitivi in virtù delle relazioni ufficiali presentate in quel convegno. Proprio dalla lettura serena e spassionata di questa documentazione, secondo quanto abbiamo già sostenuto nei nostri lavori, si evince chiaramente, ancora una volta, come la concezione ideologica del Fascismo, a maggior ragione se osservata nella prospettiva ed alla luce della mistica fascista, nei suoi fondamenti spirituali fosse assolutamente chiara e coerente. Lungi dal descrivere una "lezione astratta", proprio la mistica fascista rappresentò invece in modo concreto la modalità più sincera di vivere e realizzare la dottrina del Fascismo, quale nuovo ideale di Civiltà italiana ed universale ad un tempo, compenetrandosi con essa, incarnandone la sublimazione. Sono gli stessi relatori generali del convegno che, riassumendo a loro volta le 102 relazioni e 40 comunicazioni verbali prodotte in occasione di quell'evento, si incaricano di smentire platealmente i dubbi ed i troppi travisamenti di chi, nell'ambito dell'odierna storiografia e della politica, ha voluto in modo interessato interpretare il loro pensiero, altrimenti netto e nitido, volendo fare confusione là dove è impossibile farne. Lo ribadiamo con forza. Non vi sono fraintendimenti possibili, ma una chiara esposizione che demarca in modo netto gli ambiti e rimarca i principi; che toccando i temi della filosofia, della Storia, dell'etica e della politica, in relazione alla tradizione coerentemente espressa in oltre due millenni di Civiltà romano-cattolico-italica, converge nella raffigurazione della concezione mistico-dottrinale espressa dal Fascismo, delineantesi quale apice di tale civiltà e nella contemporanea descrizione dell'unico modo verace in cui è possibile vivere e realizzare tale ideale. Di più non ci è lecito anticipare. Buona lettura.

Nota editoriale

I testi completi delle relazioni generali e di quella conclusiva riportati di seguito, sono tratti integralmente dal numero speciale della rivista *"Dottrina Fascista"* del Gennaio-Marzo 1940, dedicato interamente al 1° Convegno Nazionale della Scuola di Mistica fascista. In appendice sono presenti altresì i testi integrali delle relazioni monografiche Rivoire e Panunzio estratte dalla rivista *"Gerarchia"* dei mesi di Marzo e Aprile 1940, mentre la relazione Bodrero è tratta da una raccolta intitolata *Studi, saggi ed elogi* pubblicata nel 1941. Riguardo le altre relazioni monografiche, non essendo integralmente presenti nel testo originale della rivista, e non avendole ritrovate in ulteriori pubblicazioni, si è preferito ometterle. Inoltre, si è deciso di modificare alcune espressioni ormai desuete nel linguaggio odierno, sostituendole coi termini attualmente in uso, senza perciò modificarne in alcun modo il senso.

LA CONSEGNA DEL DUCE ALLA SCUOLA DI MISTICA FASCISTA

Il 20 Novembre XVIII (1939) il DUCE riceveva a Palazzo Venezia, presente il Segretario del P. N. F., il Consiglio direttivo della Scuola di Mistica Fascista Sandro Italico Mussolini. Dopo la relazione del Presidente della Scuola, Vito Mussolini, il DUCE pronunciava le seguenti parole.

Io vi ho seguito in tutti questi anni da vicino e con vivissima simpatia perché considero la mistica in primo piano. Ogni rivoluzione ha infatti tre momenti: si comincia con la Mistica, si continua con la politica, si finisce nell'amministrazione. Quando una rivoluzione diventa amministrazione, si può dire che è terminata, liquidata. Potrei dimostrarvi che tutte le rivoluzioni sono passate attraverso questo ciclo: noi che conosciamo la Storia dobbiamo impedire che la politica scivoli nell'amministrazione. Alle origini di ogni rivoluzione c'è la Mistica: se la politica è il contingente, la Mistica è l'immanente, essa rappresenta i valori eterni, essenziali primordiali. Nella politica si è trascinati anche da motivi empirici. Il contingente ci tiene certe volte avvinti, ma la Mistica spazia sulle verità eterne. Occorre che vi sia chi vigili con intransigenza alla luce di queste verità, chi suoni il campanello di allarme, chi impedisca alla politica di dimenticare i valori superiori dello spirito. Questo deve essere riservato a pochi: non può essere esteso a tutti. Perciò ho concesso che vi fossero decine di scuole di preparazione politica, ma ho voluto una sola scuola di Mistica. Ed ho voluto che fosse a Milano per queste ragioni. Primo perché a Milano è sorto il Fascismo e Milano è più vicina al fermento delle origini, secondo perché Milano è particolarmente sensibile alla vita dello spirito. E' un errore, un grave errore credere che Milano - perché vi sono stabilimenti, industrie e commerci – non senta in modo fortissimo tale vita. Ne è una prova il fatto che la Scuola di Mistica vi è germinata quasi spontanea. Avete fatto bene riportarvi al «Covo». Il «Covo» deve avere un valore simbolico, deve essere un punto di riferimento. Gli italiani devono sapere che c'è un'istituzione, un luogo a Milano dove si conserva religiosamente questo spirito delle origini. La Mistica è più del Partito, è un Ordine. Chi vi partecipa deve essere dotato di una grande fede. Il Fascismo deve avere i suoi missionari, cioè degli uomini che sappiano convincere alla fede intransigente. E' la fede che muove – letteralmente – le montagne. Questa può essere la vostra parola d'ordine. Bisogna essere intransigenti e saper combattere fino all'estremo sacrificio per la propria fede. Per l'uomo, nel significato più profondo della parola, non vi è nulla di più bello del combattimento. Credo che noi tutti preferiremmo morire in combattimento piuttosto che marcire nelle corsie di una clinica. Anche perché si è ricordati e si muore per qualche cosa di grande, per un'idea che consente di superare le piccole esigenze individuali. Il Fascismo ha avuto i suoi confessori, i suoi martiri. Sono stati migliaia: in Italia, in Africa, in Spagna. Molti giovani sono caduti felici di morire per il Fascismo: qualcuno ha detto o lasciato scritto: « è bello morire all'ombra dei gagliardetti neri». Questa è «Mistica»! Il movimento internazionale è duro. Vi saranno battaglie e tempi aspri, ma io sono sicuro che tra non molto vi sarà il trionfo in tutto il mondo dei principi che sono a fondamento della rivoluzione fascista. Un'epoca è tramontata e ne comincia un'altra. Se ne scorge l'aurora e se ne individuano già le persone fisiche, cioè gli uomini rappresentativi. Altre civiltà sono destinate a morire mentre si afferma nel mondo la Civiltà che noi abbiamo iniziato. La Mistica anticipa le rivoluzioni. Voi dovete lavorare per l'avvenire. Per far questo occorre la fede. E' facile ad un certo momento deviare nella politica: voi dovete essere al di fuori e al di sopra delle necessità della politica. Di queste cose ho parlato in modo molto sommario: ma tutte erano già presenti in voi. Avete tempo di riflettere.

Primo Convegno Nazionale della Scuola di Mistica Fascista, Milano, 19 – 20 febbraio 1940:

"PERCHE' SIAMO DEI MISTICI"

Presidente del Convegno: Dr. Fernando Mezzasoma, Vice Segretario del P.N.F.

Relatore generale del Convegno: Prof. Niccolò Giani, Direttore della Scuola di Mistica Fascista.

I.° TEMA, "Tradizione anti-razionalistica e anti-intellettuale del pensiero degli italici".
Relatore generale: Prof. Nazareno Padellaro, Direttore Generale dell'Ordine medio del Ministero dell'Educazione Nazionale.

II.° TEMA, "Caratteristiche e momenti mistici della storia d'Italia".
Relatore generale: Consigliere Nazionale Cornelio Di Marzio, Presidente della Confederazione Fascista dei Professionisti e Artisti.

III.° TEMA, "Valore e funzione della Mistica nella dinamica della Rivoluzione Fascista".
Relatore generale: Dr. Guido Pallotta, Vice Segretario dei Gruppi Universitari Fascisti.

INTRODUZIONE AI LAVORI

Di Fernando Mezzasoma

Camerati, taluno si è domandato se era utile ed opportuno indire un Convegno come questo che oggi si riunisce a Milano; talaltro si è perfino chiesto se il tema non fosse errato nella sua stessa formulazione. A me non sembra che la disparità delle opinioni sull'argomento possa costituire un giusto motivo per sconsigliarne l'esame e la discussione. Se mai, il contrario. Il tema è arduo e complesso, non c'è dubbio, ma è di quelli che tormentano ed appassionano, di quelli che trovano, proprio nel contrasto delle concezioni, la ragione prima della loro sempre palpitante attualità.

Con "intelletto d'amore".

Che importa se tra il clamore del dibattito qualche voce stonata dovesse levarsi a turbarne l'armonia? Scopo di questo come di ogni altro convegno della nostra mistica scuola è anzitutto quello di mettere a nudo le idee di ciascuno, attraverso una ricerca fatta « con intelletto d'amore » e con la segreta speranza che dal nostro inesausto travaglio spirituale nuove fiamme sprigionino ad alimentare la nostra fede di militi ardenti e devoti. Solo i poveri di fede, dunque, non potranno invocare e pretendere in questa sede il diritto alla parola. Non credo che in mezzo a noi ve ne siano. Non farebbero fortuna. Alla base della nostra odierna indagine è la fede: la fede autentica, la nostra bella intransigente fede, la fede che è « parvenza delle cose sperate e argomento delle non parventi », la fede che è « la verità che ci sublima » e senza la quale ozioso sarebbe il parlar di Mistica. Perché siamo mistici? La domanda appare quasi brutale. Se a noi piacesse fingere di voler giocare con le parole potremmo rispondere che noi siamo mistici perchè ci *sentiamo* tali. Ma la risposta si presterebbe troppo alla facile critica e non darebbe soddisfazione ad alcuno. E pure essa non sarebbe del tutto vuota di senso. Mistica si potrebbe definire una *stato di grazia* verso il quale ci sentiamo portati dalle verità eterne ed essenziali che colmano il nostro spirito, « dalle ragioni misteriose, dalle convinzioni politiche e religiose che confortano il cammino della nostra esistenza ».

La nostra mistica.

Io non mi addentrerò nel raffronto dei molti misticismi che anticiparono lungo il corso della storia l'avvicendarsi delle dottrine e delle rivoluzioni. A me preme soltanto di tentare una precisazione della nostra mistica, della mistica di noi fascisti, e soprattutto di noi giovani del tempo di Mussolini. Io voglio dunque parlare oggi di mistica politica e non di mistica religiosa, che si chiude tutta in una vita interiore, che si rifugia tutta in una vita contemplativa, attraverso la quale l'anima umana aspira a congiungersi col divino. La prima non può confondersi con l'altra e tanto meno mettersi di fronte. La mistica fascista è un'altra cosa: essa è una mistica dinamica, realizzatrice, costruttiva, capace di abbeverarsi e di nutrirsi perennemente alle fonti cristalline della nostra stessa fede politica. La mistica fascista agisce sul piano della realtà e della storia, cioè su di un piano umano, avente per meta non l'infinito ma il futuro. Nella mistica fascista la forza preminente è la volontà, la volontà disciplinata ma cosciente, che è la più grande forza così nella vita degli individui come nella vita dei popoli. Mistica per noi fascisti è anelito verso una « *vita alta e piena, vissuta per sè ma soprattutto per gli altri, vicini e lontani, presenti e futuri* ». Mistica per gli individui è aspirazione a migliorarsi, a progredire, ad avanzare; e per i popoli è ambizione di martellare i segni inconfondibili della propria civiltà sulle tavole immortali della storia. Mistica fascista vuol dire creazione di nuove forme di vita, di nuovi contenuti spirituali, di nuovi concetti e mezzi d'espressione, nel pensiero e nell'azione, nello spirito e nell'intelletto, nella cultura e nell'arte. Mistica è la sostanza ideale su cui poggia e da cui deriva il suo contenuto profondo l'unità sociale del Fascismo, il quale non esalta l'individuo ma lo valorizza, e mentre ne potenzia e ne affina la personalità non lo astrae dall'umanità in mezzo alla quale vive e per la quale opera. E' nella conquistata coscienza della partecipazione attiva e responsabile dell'individuo alla vita della Nazione, l'aspetto mistico dei rapporti tra l'individuo e lo Stato fascista. Mistica è la concezione universale del Fascismo, che è una nuova nascita dell'« *itala gente dalle molte vite* », e che riafferma nel mondo il primato di Roma, regina di tutte le genti. Mistica è la stessa forza della giovinezza fascista, espressione di vita in cammino, ansia di rinnovamento, febbre delle altezze spirituali, impazienza di seminare per raccogliere, gioia di vivere e, quando sarà necessario, gioia di morire. Per noi fascisti quello che importa non è di vivere a lungo, ma di vivere degnamente.

Mistica e Fascismo.

Questa è la mistica fascista. Ma allora — si obietterà — tutto è mistica. Proprio così. Nel Fascismo tutto è mistica. Mistica e Fascismo sono i termini di un binomio indissolubile. Tutto è inteso dal Fascismo in senso mistico, perché mistico è il suo modo di concepire la vita. La sua dottrina infatti trae dalla vita la sua ragion d'essere e come attinge dalla fede che l'originò il suo alimento, trae dall'azione da cui sorse le sue infinite possibilità di sviluppo. *«Il Fascismo* — ha affermato il DUCE — *è un fenomeno religioso di vaste proporzioni storiche ed è il prodotto di una razza »*. *«Il Fascismo* — Egli aggiunse — *è una fede che raggiunge le altitudini religiose »*. *«Il Fascismo* — Egli disse ancora — *è forza spirituale e religiosa; potrà errare negli uomini e nei gruppi, ma la fiamma che sorge dal Fascismo è immortale »*. *«La vita, quale la concepisce il fascista* — è sempre il DUCE che parla — *è seria, austera, religiosa, tutta librata in un mondo sorretto dalle forze morali e responsabili dello spirito »*.

Perché siamo mistici.

Noi siamo mistici perchè ogni nostro pensiero ed ogni nostra azione, la nostra stessa vita, sono inspirati ad un trinomio che racchiude in sè tutto il nostro programma di giovani rinnovatori: *credere, obbedire, combattere*; lo stesso trinomio che congiunge idealmente le nuove generazioni del Littorio agli uomini della vecchia guardia, al glorioso squadrismo. E' la fede, che ci spinge a camminare, che feconda il nostro operare, che accende la nostra speranza. E' l'obbedienza che darà più tardi, a chi se ne mostrerà meritevole, la responsabilità del comando. E' il combattimento il nostro crogiolo indispensabile, la prova ultima, il collaudo definitivo. Per noi giovani, nati e cresciuti nel clima incandescente della Rivoluzione, la guerra più che un dovere è un diritto; un diritto al quale nessuno di noi intende rinunziare. So di poter parlare a nome di tutti i giovani, a nome di coloro che chiesero il privilegio di combattere e l'ottennero e a nome di coloro che invano lo domandarono e sono rimasti ancora con l'ansia inappagata del combattimento.

Essenza del vivere fascista.

Ho detto che noi siamo mistici perchè mistico è il modo in cui il Fascismo concepisce la vita. Qual'é l'essenza di questa concezione mistica della vita, secondo la dottrina fascista? Possiamo coglierne i caposaldi dalle stesse luminose pagine dettate dal DUCE. Il fascista è riconoscente a Dio per averlo fatto nascere italiano, crede nella religione dei Martiri e degli Eroi, aspira alla Patria come ad un premio da meritare, ha fede nella universalità dell'Idea fascista, non ama la felicità del ventre e disdegna la vita comoda, sprezza il pericolo e cerca la lotta, considera il lavoro un dovere e il dovere una legge, ritiene il sacrificio una necessità e l'obbedienza una gioia, concepisce la vita soltanto come sforzo continuo di elevazione e di conquista ed è pronto a qualunque rinunzia, anche a quella suprema, purché il DUCE lo voglia e trionfi il Suo ideale.

L'idea e il Condottiero.

In quest'ultima affermazione a me pare di scorgere l'essenza della nostra mistica: la fede illimitata nell'idea che ci illumina, la dedizione senza riserve all'Uomo che ci guida; al Condottiero espresso dalle forze inesauribili della razza e che le più alte virtù della razza riassume e sintetizza. E' Egli « *il veltro* » dantesco, « *lo spirto gentil* » del Petrarca, « *il redentore* » del Machiavelli? Certo Egli è l'uomo della Provvidenza. Egli conosce le nostre aspirazioni e le sa realizzare. Egli sa parlare ai popoli un linguaggio di fierezza e di umanità a tutti comprensibile. Egli ci appartiene perchè tutti noi Gli apparteniamo. Dinanzi a Dio e dinanzi all'Italia, noi abbiamo giurato di seguire i Suoi ordini e di servire la Causa della nostra Rivoluzione con tutte le forze ed anche col sangue, se sarà necessario.

"Saper vivere e saper morire".

Su queste basi il fascista deve innalzare giorno per giorno, pietra su pietra, l'edificio della sua mistica vita, instaurando nel superamento dei propri interessi particolari un'esistenza spirituale in cui il sentimento sia la molla per ogni azione e la fede il lievito di ogni speranza, una vita superiore che è la sola la quale possa dare agli uomini *« le ali verso le altitudini »*. Portare nel proprio spirito un senso di severità assoluta, improntare la propria vita al massimo disinteresse, essere fieri non di quel che si è avuto, ma di quello che si è donato e si è fatto, conoscere bene se stessi per poter giudicare gli altri, considerarsi soldati così in pace come in guerra, significa vivere misticamente, significa, come disse Arnaldo, *« saper vivere e saper morire, nel modo più degno »*.

Mistica è una meta ideale.

Forse qualcuno cercherà di spacciare per retorica questa nostra mistica. Il tentativo sarebbe vano. Ho già detto all'inizio che i poveri di fede non possono restare in mezzo a noi. Essi non sono come noi. Essi non potranno mai seguire una bandiera e indossare una divisa, perchè preferiranno sempre assistere al passaggio degli eserciti col risolino incredulo sulle labbra ed il braccio atteggiato ad un quarto di saluto romano. La nostra mistica è la stessa forza interiore della nostra Rivoluzione, la forza che la sorregge e la sospinge assicurandone nel futuro la continuità. Mistica fascista è una meta ideale alla quale tutti i fascisti possono e debbono aspirare. Essa si riscalda alla luce delle verità eterne che il DUCE ci ha rivelate e che Arnaldo, il più mistico dei fascisti, il nostro insuperabile Maestro, ha saputo additarci. Compito della nostra Scuola è quello di custodire gelosamente queste verità, di curarne e di perfezionarne la formulazione e di diffonderne la conoscenza a tutti gli italiani.

LA VIRTU' DELL'ESEMPIO

. Per far la rivoluzione ci vuole coraggio fisico e morale; per far la rivoluzione ci vuole una fede; per far la rivoluzione bisogna spogliarsi di ogni egoismo, superare se stessi e saper far dono della vita!

. E' giunto finalmente il giorno tanto sospirato! Diciassette anni! Per tanto tempo è stato il mio ideale, la mia aspirazione costante. Come dolce e sublime mi è apparso questo giorno: ad ogni ora, ad ogni momento. E non ne ho provato disillusione. Ho sentito una voce nuova che mi ha detto tante cose; nuove, dolci emozioni hanno scosso la mia anima. Ho passato la visita medica: son più che abile. Sono andato poi dal Maggiore per firmare e mi ha fatto leggere l'atto di arruolamento: quando ho letto di « servire con fedeltà ed onore » la mia voce tremava. Anche da me dunque la Patria si attende qualche cosa? Anche in me ha riposto una piccolissima parte delle sue speranze? E veramente la servirò con fedeltà ed onore: per sempre. Per sempre con tutte le mie energie. E ben mi rammento la mia prima comunione: quel giorno mi votai a Dio, come oggi mi voto alla Patria. E' una cosa passata, ma mi sembra presente e mi è cosi caro ricordarla.

UGO PEPE

. Dite a tutti che sto benone e che il morale raggiunge le più alte vette quanto più si avvicina l'ora del combattimento nel quale darò tutto il mio ardore per il trionfo del volere fascista, per la gloria di quel DUCE al quale, quando avremo fatto dono di noi stessi, avremo dato sempre poco.
. Sono contento di morire avendo compiuto interamente il mio dovere di fascista, quello di servire sino all'ultima stilla del mio sangue la causa della rivoluzione.

ALDO LUSARDI

. E' bello morire all'ombra del gagliardetti neri!

LUCIANO MELE

«TRADIZIONE ANTI-RAZIONALISTICA E ANTI-INTELLETTUALISTICA DEL PENSIERO DEGLI ITALICI »

Argomenti: Catone, Livio, Virgilio - Cicerone, Seneca, Marco Aurelio, Tacito - La Patristica e S. Agostino S. Tommaso e la Scolastica - Dante - Gli Umanisti - Machiavelli - Vico - Secolo XVIII: la Scuola storico-giuridica napoletana; la Scuola lombarda - Romagnosi, Rosmini, Gioberti, Mazzini, Ferrari, Oriani, Corradini, Arnaldo Mussolini.

Relatore generale:
PROF. NAZARENO PADELLARO, DIRETTORE GENERALE DELL'ORDINE MEDIO DEL MINISTERO DELL' EDUCAZIONE NAZIONALE

...LA RAGIONE È UNO STRUMENTO, MA NON PUO' ESSERE MAI LA FORZA MOTRICE DELLA MASSA; OGGI MENO DI PRIMA, L'AZIONE HA RAGIONE DEGLI SCHEMI CONSEGNATI NEI LIBRI. L'AZIONE FORZA I CANCELLI SUI QUALI STA SCRITTO "VIETATO". I PUSILLANIMI SI FERMANO, GLI AUDACI ATTACCANO E ROVESCIANO L'OSTACOLO. I LIBRI SIANO L'ARMA DELL' INTELLIGENZA, NON IL VELENO CHE LA UCCIDE.

TRADIZIONE ANTIRAZIONALISTICA
E ANTI-INTELLETTUALISTICA
DEL PENSIERO DEGLI ITALICI

(Relazione generale sul primo tema, di Nazareno Padellaro)

CAMERATI, le relazioni sul primo tema: «Tradizione anti-razionalistica e anti-intellettualistica del pensiero degli italici » possono considerarsi come dimostrazioni diverse di un unico teorema: quasi maglie di un'unica armatura. Il punto di confluenza delle varie correnti di pensiero, il teorema è questo: filosofia e storia, arte e scienza possono essere messe a fuoco dalla nostra dottrina politica, talché esse, per la virtù politica orientatrice, riescono a sormontare la gora del filosofismo, dell'artificialismo e dello scientismo. Si direbbe che il punto di vista politico sia come un punto d'onore dello spirito, atto ad infondere soprattutto il coraggio della verità o, che è lo stesso, la volontà di servire la verità. Il tema «Tradizione anti-razionalistica ed anti-intellettualistica del pensiero degli italici » è evidentemente un tema fascista. Non riusciamo, infatti, a concepirlo offerto alla meditazione degli Italiani in tempi di democrazia, quando i cosiddetti studiosi, per esempio, andavano in visibilio per la discoperta di un Leonardo precursore del positivismo o del materialismo, deviazioni di pensiero queste, cui la democrazia era tributaria. Nè sapremmo che cosa avrebbero potuto dirci gli Italiani contemporanei di Vico su quel tema, se è vero, come il Vico stesso ci dice, che allora essere intenditore di "Renato Delle Carte" significa essere filosofo; tanta era negli Italiani l'ammirazione per quel primo alitare razionalistico. Nel Risorgimento, invece, su quell'argomento esercitarono il vigore immenso della loro speculazione Gioberti e Rosmini. La politica dunque falsa o invera la storia di un popolo, ora avviandolo verso miti estranei, ora innalzandola su vette meridiane, dalle quali si discopre la distesa del proprio patrimonio ideale. La virtù orientatrice del Fascismo rifulge pertanto sia nella verità dell'assunto, sia nel potere disciplinatore delle intelligenze, le quali, per oscura o chiara nozione, sanno quando procedono nella diritta via, e quando invece sono sviate per itinerari chimerici.

Il misticismo italiano è sempre stato costruttivo.

L'analisi che, in una forma sostenuta e vigilata da un buon gusto nativo, Emilio Bodrero ci offre, ci mette anzitutto in guardia contro deformazioni pronte a pullulare, quando il misticismo non è riguardato nella sua precisa significazione. « Il misticismo, osserva il Bodrero, può condurre agli stessi risultati dello scetticismo. Il mistico, infatti, tende al contatto immediato con il divino, svalutando quanto si può conoscere con la ragione. Per lui il sapere è solamente il vestibolo della mistica. Lo scetticismo esprime un'analoga sfiducia nelle forze della ragione, poiché per lo scettico la mente umana non può cogliere nessuna verità intorno alla realtà delle cose. Svalutazione nel primo, sfiducia nel secondo, costituiscono una posizione analoga del mistico e dello scettico, di fronte alla ragione umana; con la differenza che lo scettico fa entro di sè il vuoto (in cui Cartesio edificherà il suo razionalismo e per cui Kant stimolato da Hume si sveglierà dal famoso sonno dogmatico), il mistico invece tutto se stesso riempie di una fiamma esclusiva e veemente che brucia e consuma ogni altra realtà spirituale. Ed infatti mistica è parola che si ricongiunge etimologicamente al verbo che in greco, per le labbra e per gli occhi, significa chiudere, ond'essa ci riporta a creatura che non vede e che non parla. Di là dal misticismo filosofico, l'italiano non è mai stato un mistico integrale, così come non è stato filosofo puramente teoretico, ma ha mirato, attraverso la filosofia, a problemi concreti, nè poeta esclusivamente artista, ma sempre anche poeta civile. Il misticismo italiano è sempre stato costruttivo e non puramente contemplativo, stimolatore e non rinunciatario, conservatore e non rivoluzionario. Il nostro misticismo ha note sue particolari che lo inquadrano nella storia del nostro pensiero e della nostra vita psichica in modo assolutamente diverso da quello in cui può apparire altrove. Conviene non confonderlo con il romanticismo, isolarlo, da fatti esasperati, puramente laterali alla storia religiosa e genericamente spirituali del popolo italiano, applicarlo ora, nel suo significato largamente politico ». Dopo questa premessa chiarificatrice, il Bodrero in serrata sintesi storica dimostra l'esistenza di una mistica essenzialmente politica in Roma, vera divina eredità con tutti gli attributi degli dei a cominciare da quello dell'eternità. L'eredità della mistica imperiale raccolta dalla Chiesa Cattolica, diviene efficienza stimolatrice di un'idea centrale, assunta quale motrice ed operante come sentimento. Punto essenziale della trattazione di Bodrero è l'aver messo in luce il rapporto tra un'istituzione degna di essere concepita misticamente e l'idea universale, la quale deve poter rappresentare la. soluzione umana, valevole perciò per tutto il genere umano, di un problema universalmente sentito.

Posizione anti-intellettualistica del pensiero romano.

Nella stessa direzione si muove l'indagine storica di Emanuele Ciaceri, il quale vede nella fede alla tradizione dei Romani un elemento mistico e nella diffidenza verso la cultura greca un'istintiva difesa contro l'intellettualismo. Catone, Cicerone, Livio e Tacito sono, per il loro realismo, gli esponenti di una tradizione anti-intellettualistica. Tiziano Battaglia disegna la figura di Catone nella cornice di due grandi amori: la terra come madre di lui, uomo singolo, e l'Italia e Roma come generatrici della sua stirpe. La chiaroveggenza di statista e di uomo politico di Polibio, che non ha tenuto lontano leggerezza e malignità di giudizio non risparmiante la coscienza morale dello storico, trova in Carolina Lanzani una esperta indagatrice, la quale sa mostrare che, per la valutazione polibiana della romanità, per la ricerca del reale, del sostanziale, del necessario, Polibio giganteggia non solo nella storiografia ellenica ma nella storiografia mondiale. A noi importa, e la Lanzani lo accenna, l'atteggiamento di Polibio di fronte al tradizionalismo culturalistico e perciò intellettualistico degli storici che non siano uomini pratici, esperti nella politica e nelle cose militari, tornitori di belle frasi congegnate con materiale libresco, ma sordi ad intendere le lezioni pratiche ed effettive della storia nel suo alto magistero di ricercatrice delle cause e dei fatti umani. Un felice disegno è quello tentato da Sergio d'Alba della figura di Marco Aurelio. I passi che il d'Alba reca ci rivelano l'intensa vita interiore dell'imperatore filosofo, il quale non porta a corte lo stoicismo dell'accettazione passiva del male, l'a-dogmatica, laica religione dell'assoluto, come il Renan vorrebbe farci credere, ma un senso mistico della dignità umana, la quale nasce da quella scintilla della ragione, che l'uomo ha in comune con gli dei, *cum diis communis*. E' bene qui ricordare che il distacco filosofico cui perviene l'imperatore per virtù di ascesi, acquista significato mistico, in un episodio riferitoci da Dione Cassio, ma passato sotto silenzio o ignorato dai cosiddetti cultori di storia. Manca il denaro per la guerra e allora tutti i mobili, i gioielli imperiali, una preziosa collezione di gemme raccolta da Adriano, numerose opere di pittura e scultura di maestri famosi, e persino gli arredi splendidi della Cappella imperiale furono esposti, per essere venduti ad un'asta pubblica. « Questi tesori — dice Aurelio — come tutto il resto che possiedo, appartengono per diritto al Senato e al popolo ». Non era forse uno dei caratteri del vero re, secondo Platone, quello di non avere nulla in casa sua da poter chiamare proprio? Se alla osservazione del d'Alba si aggiungono questi particolari, apparirà dominante il carattere mistico d'un uomo, che nel fastigio del potere, sa spogliarsi di tutto, e sa concepire com'é di tutti i mistici, la ricchezza interiore come riflesso della nudità delle cose del mondo. Altri schemi di comunicazione sono quelli di Giuseppe Gilotta sul Foscolo; di Saverio Perticone sull'antirazionalismo di Machiavelli e di G. B. Vico; di Giuseppe Forchielli sul pensiero e la pratica di Sant'Agostino intorno alla vita comune nel clero; quella di Paolo Bonatelli sul pensiero, la volontà e la mistica; quella di Cesare Bolognesi sulla mente e il cuore di Carlo Pisacane. E' questo forse il luogo di ricordare che il razionalismo e l'intellettualismo si configurano sempre come anti-romanità, talchè si può con sicura certezza ricercare in ogni razionalista, una nascosta vena antiromana. Tutti conoscono il pietoso motto di Cartesio, il quale, argomentando contro lo studio della lingua di Roma, asseriva che un latinista in nulla differisce, in quanto tale, dalla fante di Cicerone. Meno noto invece è un passo dello Hegel contro lo spirito romano. Nella *Philosophie der Weltgeschiechte* si legge: « Gli uomini (i romani) furono o in rottura con l'esistenza attuale, o interamente schiavi delle esistenze sensibili. Senza alcuna base nella patria o in altra unità etica, s'abbandonarono al fato e conquistarono una completa indifferenza di fronte alla vita, cercandola o nella libertà del pensiero o nel godimento sensuale immediato. Le condizioni della vita sensibile divennero preda della corruzione. Non ci fu presso i Romani un'industria ordinata... Un radicato scetticismo faceva dell'assenza degli scopi lo scopo stesso della volontà. La filosofia conobbe solamente la negatività di ogni contenuto; essa fu la consigliera della disperazione, nei riguardi di un mondo che non aveva più nulla di solido e non poteva soddisfare lo spirito vivente che cercava più alta conciliazione ».

Anti-romani distruttori del divino.

In questo passo noi non vogliamo solo notare la deformazione dei fatti operata dalle idee. Episodi di questo genere, riempiono la storia della filosofia. Quello che invece ci deve porre in guardia è l'interdipendenza tra una determinata *forma mentis* e l'incapacità di comprendere il messaggio di Roma. Si possono, infatti, tracciare due genealogie spirituali: la genealogia di coloro che marciano verso il parossismo della ragione e la genealogia di coloro che si pongono per la via della disciplina della ragione. I primi sono in costante polemica aperta o avviluppata contro il mito di Roma; gli altri a Roma guardano come a meridiana della ragione. Scrutate ad uno ad uno i distruttori del divino nel mondo e troverete, quale eco del loro pensiero una parola antiromana. La tecnica che recide questo divino nell'uomo è sempre la stessa. L'uomo di Roma è l'*homo naturaliter obediens*, e perchè tale, pronto a donarsi alle sante potenze dell'essere. Contro codesto uomo dell'obbedienza, che è l'uomo di Roma, si ergono periodicamente nella storia sotto forme diverse le forze della ribellione. E' inevitabile quindi, che quando queste forze si schierano, puntino contro lo scudo umano del divino nel mondo, contro Roma. Frugate nella vita dei ribelli, si chiamino Spinoza, Cartesio, Malebranche, Hegel, troverete sempre il disdegno di Roma. Se non ci si pone da questo punto di vista non si comprenderà nulla per esempio del disprezzo cartesiano e malebranchiano della storia, che è essenzialmente disprezzo della storia di Roma. Quando, infatti, si tratta di dissacrare il pensiero e la vita, la tattica suggerisce di demolire il più grande monumento della sacralità nello spirito, che è la romanità. Sacralità liturgica e quindi mistica, che è in fondo la pietà verso le cose sacre. I latini, dice uno spirito acuto, si tenevano gli dei vicini. Quel che colpisce nei culti dell'antica Italia è il loro carattere strettamente locale e domestico. Se tutta la mitologia romana è una novella, essa è novella che si racconta vicino al fuoco. Ecco perchè noi attendiamo ancora che la cultura italiana si faccia fascista, ossia sappia discernere ciò che porta in sè il germe della ribellione, dell'apostasia, dell'eterodossia, dell'irreligione, da ciò che vuol fiorire nello spirito come devozione, come disciplina, ortodossia, religione. Attendiamo ancora che ci si ribelli alla ribellione, anche se essa porta i segni della intangibilità, ossia anche se è radicata nell'opinione dei dotti, la quale opinione, talvolta, è teca che nulla racchiude. Noi attendiamo ancora che i vari olimpi della cultura siano scalati coraggiosamente, superando le zone recinte dai pregiudizi dei dotti. Concepiamo la cultura fascista come la cultura che si fa fascista. Se tutti gli storici di Roma, per esempio, non hanno saputo darci quel senso di Roma che Mussolini ci ha ispirato, si deve credere e si deve dimostrare che la verità della storia è con Mussolini e non con gli storici. Le relazioni cui abbiamo accennato dilucidano il lato storico del problema. Quelle di cui faremo parola ne disegnano il nucleo filosofico.

Il nucleo filosofico del problema.

Armando Carlini in un rapidissimo scorcio, dopo aver fatto un'assai opportuna distinzione tra umanismo e trascendentismo, afferma che il Fascismo, se non intende minimamente rinunziare a nulla di quanto rappresenta una conquista della civiltà moderna, non può non espellere i germi razionalistici e immanentistici con il relativo atteggiamento anticlericale da quella civiltà fascista, che si annuncia come principio di una nuova epoca nella storia del progresso umano. Vigorosa, precisa, informatissima è la relazione di Giuseppe Maggiore che studia il razionalismo, il volontarismo, il misticismo e il romanticismo nella politica. Ammirevole la dottrina in questo scritto, ma più ammirevole ancora l'acume con cui le varie correnti di pensiero vengono dominate da un superiore punto di vista, che è il punto di vista fascista. I caratteri della mistica politica sono disegnati vigorosamente. « La caratteristica dello spirito mistico — scrive il Maggiore — in politica, consiste nell'attribuzione di un potere misterioso a esseri e a forze, che prendono consistenza di dogmi, e inducono ad anatemizzare tutte le idealità e dottrine che si pongono contro di quelle. Il misticismo politico è la proiezione di una intransigenza ortodossa, che nonostante l'apparenza di razionalità, poggia su di un sentimento traboccante, su di una fede ombrosa e un bacchico entusiasmo ». E' qui da chiedersi: apparenza di razionalità o sostanza? Noi pensiamo: sostanza di razionalità, e chiariremo il nostro pensiero in seguito. Quando il Maggiore passa a delineare la mistica fascista, i vari motivi della perspicua analisi si compongono in sintesi organica. « La Rivoluzione fascista — scrive — è un movimento volontaristico; mistica di un misticismo suo; ben piantato nella realtà, quantunque credente nelle forze dello spirito. La politica è dura prassi ed eroica milizia operante sul monte della storia; e lo

Stato che noi serviamo come valore assoluto e realtà viva, amato con devozione e abnegazione è *super omnes*, perchè valore trascendente ed assoluto ». Evidentemente in questa apoteosi dello Stato le espressioni trascendente e assoluto vanno intese con cautela limitatrice, per non cadere in quella statolatria, alla quale la mistica fascista non può ridursi, senza rinunziare al vero trascendente, al vero assoluto, a Dio. Su due linee perfettamente convergenti si muove il pensiero di Umberto Padovani e di Luigi Stefanini. Ambedue analizzano il termine misticismo per pervenire alla conclusione che una chiara idealità può alimentare, e in effetti ha alimentato nella tradizione italiana, una mistica che implica un ideale di dedizione, di rinuncia, di sacrificio per una causa che trascende l'individuo empirico. Il Padovani nella sua analisi si attiene ad un procedimento analogico, e dopo avere osservato che non solo il divino, ma neppure la realtà che ci contorna, il mondo empirico, la natura e la storia può essere intesa totalmente in termini razionali, giacché la ragione, l'intelletto può afferrare l'identico, l'immutabile, l'universale, il necessario, postula la necessità di una mistica, cui solo è possibile penetrare, conoscere e rimuovere per via intuitiva la realtà storica presente e passata. Lo Stefanini, come abbiamo detto, perviene alle stesse conclusioni, ma sottoponendo a lucida analisi le varie deviazioni mistiche, si manifestino esse in un'aspirazione a rompere gl'indugi della razionalità o nell'empito cieco dell'istintivismo e del primativismo o nel dispetto della ragione per la ragione, quasi amore deluso, o nel diniego dello sforzo del volere e dell'alacrità o nell'insofferenza di ogni limite, di ogni disciplina per una affermazione anarchica, o nella pretesa di sollecitare la vita ad affermazioni energiche e costruttive che dà al pensiero un'accessoria funzione di controllo; rivendica lo stile di un misticismo della tradizione italica, in cui la razionalità non sia estrinseca all'atto e quindi alla passione umana, ma vi appaia invece come coerenza dell'atto umano, integro di veggenza, di volizione e di passione, atto di vita, secondo le parole del Duce, affetto tutto compreso della pienezza dell'atto. Con le precisazioni del Padovani e dello Stefanini, che si integrano a vicenda, noi abbiamo una base sicura per discorrere di mistica fascista, ponendoci sotto il segno non dell'esornativo o dell'apolegetico, ma sotto l'istanza di una ragione, che si mostra ragionevole nell'accettare i suoi limiti.

Il concetto di mistica e la dottrina della razza.

Divergono invece nel definire il concetto di mistica fascista e i rapporti con la dottrina della razza Julius Evola e Ugoberto Alfassio Grimaldi di Bellino. L'Evola afferma che la considerazione della razza del corpo dev'essere completata, nel caso dell'uomo, da una considerazione della razza, dell'anima e dello spirito. Questa costituisce l'elemento primario, perchè elemento animatore, formatore, propulsore, forza profonda delle origini, e senza la quale, la razza del corpo, anche pura, sarebbe maschera più che volto, destinata a morire per lo spegnersi ed assopirsi in essa di quella tensione metafisica ed eroica che la sostiene. Attorno a questo nucleo l'Evola colora con una serie di osservazioni le trame del suo pensiero, che per il suo svariare sembra talvolta perdere rilievo plastico e consistenza, ma che invece in alcune intuizioni lampeggianti, ricrea la sua inconfondibile fisionomia. Talvolta Evola fa violenza alle espressioni e quasi le usurpa, perchè nel trapasso dall'uno all'altro significato rivelino la traiettoria rapida del suo pensiero. Così parla di realtà sovrannaturale, non come astrazione teologica, e filosofica, — ove si vede che con la parola, egli elimina il concetto, in quanto realtà sovrannaturale se può essere astrazione per la filosofia, non è astrazione per la teologia — ma come culminazione interiore, una estrema intensità di vita, un più che vivere, un più che vita. Ma in questa agitazione di idee, solo che il torbido connesso all'agitazione stessa, si rischiari, si riconosce subito un'attività di pensiero che pare voglia auto-incendiarsi. L'antagonista dello Evola, nell'ardore della polemica sostenuta con erudizione varia ad un certo punto osserva: « Non va dimenticato il pericolo di questo abbracciamento universale, che, *mutatis mutandis*, fa rientrare dalla finestra quel principio che la dottrina fascista aveva cacciato dalla porta: il principio che vi sia concretamente qualche realtà al di là o al disopra della nazione ». La portata di questa osservazione forse è sfuggita allo stesso autore, giacché nessun argomento più valido può essere opposto all'esigenza di unificare due nature eterogenee nell'unica indifferenziata categoria della razza nordico-aria. Se infatti, esiste, come si vuole una razza dello spirito e in questa razza due nature eterogenee si sono fuse felicemente, rimane, almeno come ipotesi, che da altra fusione possa nascere più alta razza. E poiché un'ipotesi può essere distrutta solo dai fatti, non vediamo con quali fatti si possa demolire, un'ipotesi che si pone al di là dei fatti stessi. Se non dimentichiamo di essere qui in sede mistica, possiamo forse, proprio nell'ambito della mistica, trovare la soluzione del travagliato problema della razza. La coscienza di razza è in ordine di tempo, posteriore alla coscienza di nazione: acquisizione quindi più perfetta, più matura, perchè più tardiva. E se è vero, come è vero, che una razza si articola nella storia in parecchie nazioni, si dovrà ammettere che limiti più estesi si debbono assegnare al concetto di razza, di quelli assegnati al concetto di nazione. Razza allora è termine più unitivo di nazione, e quindi più universale, più umano e più spirituale. Se anche per gli antirazzisti l'espressione « il sacro suolo della Patria » ha un significato, non si comprende perchè non dovrebbe essere altrettanto sacro il nostro sangue. Ma solo la mistica può adoperare, senza metafora, l'epiteto sacro nel riferirlo al sangue. La controversia è e sarà interminabile sul piano biologico, sul piano mistico se ne disegna la soluzione. Rifiutiamo forse uno strato geologico della nostra terra, solo perchè la composizione chimica di questo strato geologico è identica alla costituzione chimica di altri strati geologici, che sono oltre i confini della Patria; o, elevandoci dal piano di mera costatazione scientifica ad un piano morale, non lo incorporiamo nel suolo nostro, espressione questa nella quale la luce viene dall'epiteto — nostro — e non dal sostantivo — suolo —? Ora la mistica espressione sangue nostro induce una affettività concreta più operante di qualsiasi logica astratta, di qualsiasi scienza classificatoria, di qualsiasi zoologico comparativismo.

L'influenza di Vico e di Mazzini.

E' da rammaricarsi che la comunicazione di Augusto Guzzo abbia brevità sinottica. Dalla pagina che dedica all'analisi dell'unità del credere e dell'intendere nel pensiero di Sant'Agostino, si sospetta una capacità singolare d'intendere l'esperienza mistica. « Il ragionare sottilissimo — dice il Guzzo — non può essere interpretato come una facoltà indipendente dalla fede. La ragione, vulnerata dal peccato, non può avere per se stessa corso efficace ». Ecco l'enunciato dell'antirazionalismo agostiniano. Il problema che Giovanni Poltronieri si pone è questo: « E' possibile una mistica dell'umano, una mistica conscia delle possibilità e delle realtà umane, senza che ciò significhi deificazione dell'uomo da una parte e dall'altra rinuncia a una vita intensamente, profondamente umana? » L'analisi serrata del

Poltronieri perviene alla concezione di una mistica che sia sintesi vivente di teoricità e di praticità. Ma più che la definizione importa il processo, onde a questa definizione egli giunge, processo che è snodarsi di vigore logico di cultura soda e nostra. E' una delle relazioni che si possono leggere con maggior profitto. Paziente ed aderente analisi del pensiero mistico mazziniano, può considerarsi la relazione inviata da Giovanni Tuni, il quale mette in luce l'influenza della mistica mazziniana, subita da tutti i grandi uomini di stato italiani. Galdo Galderisi, A. Spaggiari e Ada Ciribini Spruzzola studiano il Vico. Il Galderisi afferma che il pensiero italiano partendo da Vico, come quello tedesco da Kant, aveva avuto ragione del cartesianesimo razionale ed astratto; vede una coincidenza del pensiero italiano col pensiero tedesco, e considera Vico precursore di tutta la filosofia tedesca fino ad Hegel. La tesi è ben nota in Italia. Senonché è da osservare, che, ove c'è coincidenza non ci può essere precorrimento. Lasciamo quindi la coincidenza, e diamo per il filosofo Vico, alla parola, precursore il senso di creatore di una nuova via nel campo della speculazione. Lo Spaggiari esamina i consueti temi vichiani facendoli convergere verso la nota tesi dell'antirazionalismo. La dott. Ada Ciribini Spruzzola studia con sicura informazione l'articolarsi dell'antirazionalismo del Vico, in tappe successive, conferendo così per sagacia di metodo, all'assunto, virtù persuasive, che le frettolose sintesi terminali, generalmente ignorano. Sta a sè, ma salda, la comunicazione di Giorgio Umani, appassionata accusa contro il materialismo, che opprime le scienze positive e specialmente la biologia. Il razionalismo, camuffatosi nelle trincee materialistiche della scienza, è ancora dominante. La costatazione dell'Umani è inoppugnabile. Antonio del Castello ci mostra il rosminiano Agostino Tagliaferri nemico accanito del liberalesimo miscredente. Stefano Raguso studia i rapporti tra la nuova forma di Stato e la filosofia contemporanea. La caratteristica di quest'indagine è l'audacia. Ma non l'audacia che dischiude l'avventatezza, ma quella che matura la riflessione. Lo Stato, nel suo doppio aspetto di problema filosofico e di problema scientifico, riguardato quindi nel vivo delle categorie di valore, si configura per serrato ragionare, per conoscenza di prima mano delle fonti, per attitudine felice a cogliere nelle dottrine filosofiche la cadenza intima e non l'amplificazione culturalistica, nella sua vera esigenza: esigenza di conquista di vita reale e vera; teoria e azione, riflessione e scienza. Di singolare rilievo sono le analisi che riguardano la persona, e quelle che concernono l'idealismo. Sull'argomentare del Raguso tu vedi sempre un sigillo di validità, forse perchè di schemi triti in esso non vi è segno. Fausto Brunelli, ampliando la metafora della verità solare, vede nella mistica fascista una solarità fascista, la quale dovrebbe consistere nella negazione di ogni problema della conoscenza e di ogni dommatica. Così com'è, la comunicazione del Brunelli si pone al di là di ogni possibilità di discussione. Pietro Prini nel suo schema di relazione sull'antirazionalismo del Rosmini si prefigge di chiarire la definizione rosminiana del razionalismo, ed illustrare il superamento del razionalismo e la confutazione degli errori razionalisti, secondo il pensiero del Rosmini.

Il limite della ragione.

Nella prima parte della nostra indagine abbiamo mostrato la confluenza unica delle varie indagini e tale confluenza abbiamo riguardato come sintesi sinergica sostenuta e potenziata da un'idea. In questa seconda parte tenteremo di prendere netta coscienza dell'antinomia mistico-razionale, non velando le difficoltà con le metafore, non evitandole con le preterizioni, ma ricercandole come preda preferita di dibattito. Ed è così che la nostra analisi escluderà i soliti anatemi alla ragione, i quali avrebbero valore, se si potesse dimostrare che l'uomo può rinunciare alla sua vocazione razionale. « Da un capo all'altro della storia del pensiero umano si troveranno espressioni intense per la gioia, che... Sull'argomentare del Raguso tu vedi sempre un sigillo di validità, sveglia in colui che la scopre la luce della ragione e per la ricchezza che le matematiche e il pensiero razionale danno a coloro che si liberano da tutte le passioni soggettive, per vedere la necessità nella sua nudità intelligibile ». « I concetti sono il proprio dell'uomo, e la facoltà che egli possiede di formarli, facoltà che lo distingue da tutti gli animali, è quella che è sempre stata chiamata ragione ». Se per ipotesi, tramontasse la ragione, scomparirebbe il regno dell'uomo. E' la ragione che ha creato la sistematicità della natura obiettiva e la coerenza della scienza del soggetto. E' la ragione che smantella l'armatura della materia, dico la necessità. E' la ragione che si oppone alla conoscenza empirica, cioè alla impossibilità di uscire dal fatto, come fatto. E' la ragione che fonda la legge scientifica al di là dell'esperienza che è impotente. E' la ragione che esclude la contingenza. E' la ragione che organizza le prove, stabilisce le dimostrazioni, fornisce i principi per conquistare le verità. E' la ragione, che nel suo movimento procede alla dissoluzione delle differenze, dei dati eterogenei, unificando nella sua marcia il diverso nell'identico, quell'identico che è il quadro eterno del nostro spirito e verso il quale noi tendiamo con quegli schemi d'identificazione, cui si riduce ogni scienza e ogni ragionamento. Il grido di trionfo della ragione è questo: *Omnia fiunt matematice*, ossia tutto nella natura si conforma alle leggi della ragione o alle leggi del mondo che crea *ex nihilo*, il mondo matematico. La ragione esamina e verifica, esplica e conferma, giustifica i fatti secondo i rapporti intelligibili. Potenza di luce — lume di ragione — essa, anche nel linguaggio comune è in perfetta sinonimia con la verità. Aver ragione, si dice, per affermare di essere nella verità; mentre aver intelligenza non equivale ad esser partecipe della verità. Si comprende quindi come la ragione abbia potuto installarsi nella metafisica dell'occidente e come abbia potuto concepire se stessa come unica luce epifanica dell'universo.

La ragione non è tutto il reale.

L'unica cosa che la ragione ha ignorato è il suo potere intrinseco di discreditarsi con le contraddizioni. Si è visto così che i principi di una ragione comune hanno generato filosofie opposte. Se le contraddizioni dell'esperienza suscitarono il bisogno dell'unità razionale, le contraddizioni della ragione ricondussero verso l'esperienza. Ed oggi filosofia e scienza riparlano dell'irrazionale. Si afferma che la diversità delle scienze è inconcepibile senza la varietà degli irrazionali; ed è irrazionale la diversità concreta del reale, la sua ricchezza stessa. Il principio di Carnot è un enunciato fondamentalmente irrazionale, giacché la ragione esige la persistenza e quel principio afferma il mutamento, il flusso. Ed ecco che, se è vero che il flusso delle cose sia più essenziale e più importante da conoscere che la loro conservazione, è vero altresì che la scienza esplicativa, ossia la scienza dei quadri razionali, deve dichiarare la sua impotenza a penetrare il divenire. Irrazionalità ha denominato la ragione questa sua impotenza, comportandosi come chi chiamasse immobilità il volare, solo perchè sfornito di ali. E' bene qui notare come sia comune la confusione tra questo irrazionale o flusso delle cose, ch'è l'irrazionale postulato dalla scienza, e l'altro irrazionale che è l'oscurità o l'ambiguità delle cose e della mente. E' la ragione stessa la quale spodestata dalla sua ambizione di tutto dominare, lancia l'anatema d'irrazionale, ossia di confuso contraddittorio, d'impenetrabile, di caotico, di antiumano a tutto ciò che le resiste. Bisogna tener presente questa accezione d'irrazionale per evitare, quando esamineremo il problema dei rapporti tra mistica e razionale che il senso peggiorativo dato alla parola irrazionale, turbi l'indagine. « *Omnia matematice fiunt* », grida la ragione, inorgogliendosi di tutta quella cascata di equazioni che elabora. E la realtà ad opporre un suo costante rifiuto a lasciarsi esaurire in quella cascata d'equazioni. Se noi ora ci domandiamo in che cosa consista precisamente questo limite della ragione, non possiamo che rifarci al processo razionale. Ragione è l'impiego discorsivo di principi applicati all'ordine empirico e alle conoscenze astratte e scientifiche. Un'operazione di pensiero è detta quindi discorsiva quando perviene allo scopo cui tende con una serie di operazioni parziali intermediarie. Tipo, quindi, della conoscenza razionale è la matematica. Il processo discorsivo noi possiamo pensarlo come processo catenario. Ciascuno schema d'identificazione è legato, come anello ad anello, al precedente. La solidarietà di tutti gli schemi costituisce il ragionamento, ch'é quanto dire, l'istrumento della ragione. Ed ecco la ragione, fiera di questo suo istrumento, lo offre alle scienze le quali, avviandosi sempre più verso una matematizzazione, mostrando che detta matematizzazione diviene economia di pensiero, garantendo un ordine al quale non sono estranee le cose e governando le cose stesse con i simboli ed i concetti creati, ipostatizza il processo stesso e riduce lo spirito ad una potenza astratta e discorsiva, assorbe l'uomo nell'universo dei simboli e delle formule. Ma alla stessa guisa che il reale aveva opposto le resistenze del mutevole e del cangiante alla ragione, mostrando come essa fosse inadeguata a dominarlo, così il pensiero oppone che oltre l'itinerario discorsivo, altri itinerari esso può percorrere. Itinerari senza soste intermedie, senza tappe parcellari; itinerari che chiameremo della intuizione, intendendo con questa parola la vista diretta ed immediata di un oggetto del pensiero, la potenza possidente dello spirito onde il veduto è posseduto, il *videre* e l'*habere* sono inscindibili, non l'arco e la freccia, ossia due cose correlative, ma sono l'arco che si fa freccia e la freccia che si fa arco. Se il linguaggio filosofico ha creato questa parola lo ha fatto per sopperire all'insufficienza del concetto « sorta di sostituto mentale del reale », per incorporarsi la rapida divinazione di relazioni nascoste, per legalizzare direi il diritto del pensiero di conquistare d'un balzo, l'unico, per opporre all'evidenza del discorsivo, ossia del successivo, un'altra evidenza, quella del contatto immediato. E' così che non solo la mistica, ma anche la matematica ha rivendicato l'intuizione, come strumento d'invenzione. Possiamo ora legittimamente affermare che la ragione non è tutto il reale; la ragione non è tutto il pensiero. E non ci sembrerà paradossale, io penso, l'affermazione di San Tommaso: *« Manifestum est quod defectus quidam intellectus est ratiocinatio »*. Il discorso, il processo discorsivo nasce da un difetto dell'intelletto, ossia la conoscenza astratta, pur essendo una vera conoscenza reale è imperfetta: *necessitas rationis est ex defectu intellectus*. L'immediatezza della conoscenza, l'esclusione del discorsivo costituisce una sorta di vista totalitaria, un vedere le cose dal di dentro, un mettersi al centro dell'universalità comprensiva, piuttosto che in quello dell'universalità estensiva. Ecco il carattere dell'intuizione umana, ecco un itinerario della conoscenza che non è opposto all'itinerario discorsivo, ma che gli è completamente estraneo, in quanto non è processo, ossia giustapposizione parcellare, concatenazione, ma visione immediata. Sono le esigenze di questa potenza intuizionale dello spirito che al potere usurpatore della ragione, quando questa mostra la ricchezza inesauribile delle sue formule, oppongono che la lettera uccide lo spirito, ossia che il pensiero si raggela nella formula che l'esprime, formula che può essere il quadro episodico della verità, ma non verità. La ragione che voleva portare il fardello dell'universo e del pensiero, della fisica e della metafisica, è costretta a confessare che questo fardello è troppo grave per le sue spalle. Essa ha dimenticato che « l'uomo è un essere che desidera e che soffre, che spera e che lotta, che piange e che prega, un essere tormentato da un desiderio profondo di vita integrale. Egli è un miracolo da una parte e dall'altra un nulla, un miracolo, un centro, un mondo, un Dio indigente ». La ragione, regina matematizzante, non sa quale teorema opporre a quella parabola così divina e così umana, che ci racconta come il pastore lasci le novantanove pecorelle per andare a ricercare quella smarrita. Uno, maggiore di novantanove, è teorema del cuore, ma scandalo della ragione.

Cartesio.

Questa attitudine usurpatrice della ragione, che durerà quanto la ragione dura, ha nella storia un uomo che la incarna: Cartesio. La sua figura domina tutta la filosofia dei tre ultimi secoli. Tre secoli di razionalismo

30

hanno accreditato la dottrina del progresso necessario, della salvezza per mezzo della scienza e della ragione, dell'onnipotenza del pensiero. L'evidenza contro l'autorità, e quindi l'individualismo, la scienza contro la saggezza, perchè costituitasi essa stessa in saggezza, la tecnica liberatrice contro l'ascesi liberatrice, la frattura dell'uomo dal divino che è in sè e fuori di sè; la mortificazione dell'affettività, perchè estranea alla ragione; l'espulsione di Dio dal mondo, espulsione a cui concorrono con forze nuove e gagliarde l'idealismo e il positivismo, il liberalismo e il marxismo. L'eredità cartesiana è la matrice di tutti gli assurdi contro cui ci battiamo, assurdi tra i quali il minore non è certo quello di aver ridotto l'uomo ad un « consumatore coronato di scienza ». La frattura prodotta dal razionalismo ha reso possibile quella centrifugazione, cui è sottoposto l'uomo moderno, il quale è sollecitato in tutti i versi dalla fuga da sè, talchè è egli non sa più che volto abbia il suo io, e quale chimera di volto cangiante egli serva mai. L'evidenza cartesiana va dritto al meccanicismo e le cose hanno perduto ogni valore simbolico, ossia ogni potere di sostenere l'uomo, il quale vuole anche per la sua anima come per il suo corpo una terra ferma. E poiché il peccato delle nazioni è il peccato dei loro filosofi, noi possiamo affermare che le lettere di credito al razionalismo sono state date dalla Francia. Il peccato razionalistico è peccato francese. Noi non abbiamo bisogno di dimostrare la filiazione dell'idealismo dal razionalismo, ossia del paulogismo intellettualistico dalla filosofia cartesiana. Scriveva Hegel: « Descartes è un eroe. Egli è in realtà il vero promotore della filosofia moderna in tanto che essa pone come principio il pensiero. Ha ripreso interamente le cose dal principio, ha costituito nuovamente i fondamenti della filosofia. L'influenza di quest'uomo sul suo tempo e sull'andamento della filosofia non potrebbe essere più totale ». Analizzando poi il razionalismo francese lo stesso Hegel scriveva queste parole che sono l'epigrafe del razionalismo: « Il rapporto tra la filosofia e la metafisica è caratterizzato dal fatto che l'uomo è laico di fronte a se stesso in quanto metafisico... Il concetto assoluto si rivolge contro tutto il dominio delle idee ricevute e dei pensieri fissi, distrugge tutto ciò che è immobile e si dà la coscienza della libertà pura. Questa attività idealista, ha come fondamento la certezza che ciò che è, ossia ciò che ha valore in sè, è l'essenza della coscienza in sè; che i concetti del bene e del male, della potenza e della ricchezza, le idee fisse della fede di Dio e del suo rapporto con il mondo, del suo governo, dei doveri della coscienza: tutto ciò non è una verità al difuori della coscienza di sè... Il materialismo e l'ateismo appaiono come il risultato necessario della pura coscienza di sè attiva ». Noi adunque, per confessione di Hegel dobbiamo alla Francia il materialismo, l'ateismo. Questi ripetiamo sono i peccati della Francia, i peccati di quel razionalismo, onde il mondo è divenuto teatro di bellinuità. Se ci fosse bisogno di altra testimonianza che non sia quella di Hegel sui rapporti di interdipendenza tra il razionalismo e l'idealismo, potremmo portare la testimonianza degli storici della filosofia, i quali ripetono che l'idealismo critico è nato il giorno in cui Cartesio decise che il metodo matematico sarebbe diventato oramai il metodo della metafisica. « La storia è là per mostrare che si può cominciare con Cartesio, ma che si deve finire con Berkeley o con Kant, che il metodo di Cartesio è padre di ogni idealismo ». Del resto l'idealismo e il razionalismo ovunque confluiscano non sono avversari riconciliati, ma gemelli. Lo stesso vocabolario filosofico ricongiunge i due termini, quando afferma che la parola intellettualismo è applicata a quelle dottrine in cui l'essere non è altra cosa dal pensiero; ed enumerando queste dottrine cita Cartesio, Spinoza, Leibnitz, Wolff, Hegel.

Misticismo, mistica religiosa, mistica umana.

La pena di questo peccato della ragione è la caduta nel subumano, quel subumano che è la parodia del divino. A questo subumano noi daremo il nome di misticismo. Non sorprenda siffatta scelta del termine. Sappiamo che alcuni termini, e misticismo è fra questi, ricoprono una varietà di sensi, che vanno talvolta fino all'opposizione di un senso all'altro. Ora, ad evitare che con una stessa parola s'indichino cose diverse se non opposte, ci serviremo dei due termini misticismo e mistica per indicare, col primo tutto ciò che si stacca dalla ragione per cadere, come abbiamo detto, nell'infra o nel subumano, e col secondo tutto ciò che si stacca dal processo discorsivo della ragione per una conoscenza unitiva che è possesso super-intellettuale, continuità tra l'umano e il divino. Se questa continuità si stabilisce tra la natura e la grazia, avremo propriamente la mistica religiosa. Se questa continuità è penetrazione dell'uomo nel centro più secreto del suo essere, ove scopre gli eterni valori che reggono e nutrono l'universo, ove la sua oscura aspirazione alla pienezza dell'essere s'inizia, se non si compie, ove la vita ha un suo accento ineffabile, avremo la mistica umana. Oggetto della

32

mistica religiosa è la verità soprannaturale. Oggetto della mistica umana è la verità-vita. L'una e l'altra mistica professano la convinzione, che la vita non vale che per la ricerca della verità, e che bisogna cercarla non solo con la ragione, ma con l'anima intera. Ecco perchè talvolta la mistica umana e la mistica religiosa hanno il medesimo linguaggio: « L'anima — dice San Giovanni della Croce — non deve essere attaccata a nulla, nè all'esercizio discorsivo della meditazione, nè ad alcuna sorta d'atto di conoscenza qualunque esso sia. Ciò che le si domanda è di avere lo spirito libero e annichilito rispetto a tutto ». E Plotino: « L'anima deve essere liberata da ogni forma, se vuole che nulla le impedisca d'essere riempita e illuminata. Così dopo essersi sciolta da tutte le cose esteriori; l'anima si volgerà interamente verso ciò che vi è di più intimo in essa, non si lascerà deviare dagli oggetti che la circondano ». Questa triplice distinzione che abbiamo tentato tra misticismo, o oscurità torbida, passionale, incoerente; tra mistica religiosa, o connessione, tra la natura e la grazia, e mistica umana, o conquista dei valori eterni della vita, renderà più agevole e più sicuro il nostro tentativo di discriminazione. Così si comprenderà che cosa vogliamo intendere, quando noi mostriamo come volto nascosto del razionalismo, il misticismo. La ragione, se si considera come ciclo essenziale e unico, si configura come diaframma del divino. E poiché l'esilio dal divino è insopportabile per l'uomo, egli lo cerca o nella parodia — il misticismo — o nella verità supra-razionale: la mistica. Perchè sorprendersi quindi di scoprire nel padre del razionalismo, in Cartesio, un episodio di allucinazione? Parlo del sogno famoso nel novembre del 1619. « Il 10 novembre — nota il biografo di Cartesio — egli fu visitato dall'entusiasmo, trovò i fondamenti della scienza ammirabile e gli fu rivelata la sua vocazione in un sogno ». Il filosofo prese cura di redigere una descrizione minuziosa di questo sogno, in tre parti, e lo considerò come interamente soprannaturale. Il vento che lo sbatte con violenza contro la Chiesa, un personaggio che gli offre un melone; il rumore d'un fulmine, un passo d'Ausonio, elementi del sogno, vengono considerati dallo stesso Cartesio come spunti rivelatori di destino. Il melone è l'amore della solitudine, il fulmine è lo spirito di verità che discende sopra di lui per possederlo. Gli storici del razionalismo farebbero bene a non dimenticare questo episodio, il quale potrebbe loro spiegare quella efflorescenza di misticismo che è stata sempre collegata al razionalismo. Mai furono pubblicati tanti libri sociniani, arminiani, empi, bestemmiatori, magici, mistici, pitagorici, druidici, egiziani e babilonesi come nel periodo del maggior fulgore del razionalismo. C'è perfino chi, come Toland, giunge a offrire un rituale e delle preghiere che richiamano, a modo loro, le invocazioni della Messa. L'officiante dice: « Possa la filosofia fiorire sempre », e il suo assistente gli risponde: « Con le altre arti ». E dobbiamo ricordare come uno dei rampolli, più vigorosi del razionalismo, il positivismo, ha per pontefice quell'Augusto Comte che attribuiva i lumi della sua sociologia all'ispirazione postuma della sua Egeria, Madama Clotilde Devaux che ossessionava i suoi sogni. E che cosa sono i fasti della massoneria, se non le congiunte celebrazioni del razionalismo e del misticismo? I simboli matematici che ne formano il suo stemma, il ritualismo delle logge, mostrano appunto quella triste simbiosi, onde il misticismo diviene mistificazione. Occorre, infatti, tener presente che quel circuito che si apre con il misticismo e si chiude con la mistificazione, ha assunto forma collettiva, nella massoneria. I riti buffoneschi della loggia sono esercitazioni collettive, le quali addestrano gli adepti, che debbono possedere la qualità eminente di essere impermeabili all'ironia e al senso del ridicolo, in quell'azione transitiva dal misticismo alla mistificazione.

L'analogia tra poeta e mistico.

Insopprimibile contraffazione del razionalismo, il misticismo, che ne costituisce il perenne atto di accusa, è tuttavia la maschera dolorosa di quello. Quando, per esempio, davanti alla morte il razionalismo si fa innanzi con i suoi schemi d'identificazione, secondo i quali la salma di un eroe e la carogna del suo cavallo, caduti insieme, sono accomunati nel destino, perchè accomunati nella sorte fisiologica, e definisce con gli stessi termini, scrupolosamente scientifici, il processo della vita e della morte dell'uno e dell'altro, talchè salma e carogna differiscono solo per scheletro, quasi mobili di stile diverso, ma di legno identico; allora la coscienza umana insorge, si ribella; e sapendo come è iscritto nel suo destino, se non di sopprimere, almeno di sormontare la morte, fugge alla ricerca di altra parola. Qualunque sia questa parola, purché infranga quegli schemi, è considerata come un appello come una restaurazione. Appello fallace di fantasmi, quando proviene dal sub-umano; appello verace quando è voce del divino che è fuori di noi, quando è voce del Creatore. « O mondo invisibile, noi ti vediamo, intangibile, noi ti tocchiamo, inconoscibile, noi ti conosciamo, inattingibile, noi ti stringiamo ». E' canto di poeta, questo, ma anche grido mistico di gioia, anelito di ogni creatura umana. Ma quanto raro si coglie su labbra umane questo grido. Ecco perchè l'uomo chiede perpetuamente soccorso, onde sia ricostituito nella sua dignità perduta. Talvolta il soccorso gli proviene dall'arte. Quanto siano incerte le frontiere tra l'arte e la mistica è costatazione che l'una e l'altra vanno facendo. Un'analogia tra la conoscenza mistica e la conoscenza poetica non credo che possa essere negata. Docilità e sottomissione dell'artista e del mistico all'ispirazione; ascesi ch'è una tecnica, e tecnica ch'è un'ascesi, per rendere l'anima disponibile all'invasione, attesa umile e travagliata, e penosa del momento di grazia; offerta di sè, oblio di tutto ciò che ci circonda; passività sovente eroica dell'artista e del mistico; ecco i tratti consonanti dell'uno e dell'altro. Il Borne, a questo proposito ci ricorda due testi che sorprendono per l'identità di suono: « Il carattere del poeta — scrive un sommo artista — è di non averne alcuno. Egli è tutto ed è nulla. Non ha un io, non ha identità ». E un sommo mistico, facendogli eco: « Il cuore contemplativo è simile al passero solitario, che non sopporta compagno della sua specie e non ha colore determinato ». Ma l'analogia, tra il poeta e il mistico diviene più stretta, quando si pone mente al fatto che l'artista conosce l'uomo, perchè lo ama, e il mistico ha esperienza del divino per virtù d'amore. L'amore che si fa conoscenza, ecco la sommità unica su cui si collocano l'uno e l'altro per più vedere, per più intendere. Se io voglio pertanto conoscere veramente l'uomo non interrogo Einstein, ma Manzoni, non Freud, ma Shakespeare, non Adler ma Leopardi, non Klages ma Goethe. Negli schemi della psicologia io vedo l'uomo pesato e ripesato con bilance tanto più perfette quanto più indifferenti; nelle creazioni dell'arte, io vedo l'uomo sollecitato a svelarsi con assedio d'amore. Tutti accusano l'uomo: l'arte solo lo difende. Quanti peccatori non assolve il teatro; quante riabilitazioni nei romanzi. L'arte è grande atto di carità che l'uomo compie per l'uomo. Se è vero che l'arte porta nel suo seno questo soccorso per l'uomo, se è vero che la storia dell'arte italiana è la catena, in cui le vette raggiungono eccelse ed insuperate altezze, io credo che in questa catena sia da vedersi una difesa naturale di quella sanità mentale, che non si lascia corrodere dal misticismo ossessionante ed aberrante, nè si lascia deviare dalla sterile prepotenza della ragione e converte le passioni funeste in passioni creative. Essa realizza il disegno divino che ci concerne, e ci indica che la vita è portatrice di un principio divino. Che l'arte italiana abbia sostenuto la sanità mentale e morale degli Italiani, è ipotesi che a parer mio, non deve considerarsi azzardata, solo che si pensi all'analogia dell'arte con la mistica, al potere della prima di elevazione, e alla sua forza di trattenere come diga invisibile chi è tentato di precipitare nel subumano, nel misticismo.

L'Italia è senza "peccato".

Ma come l'arte, il pensiero italico ha raggiunto vette dalle quali prospettive umane e prospettive divine si componevano verso unico orizzonte. La nostra tradizione di pensiero si è costantemente messa al tragico bivio, dove due mondi si affrontano, due principi estremi si combattono, per operare o la conversione dell'animale in uomo o quella dell'*homo credulus* o *dell'homo abstractus* in *homo sapiens*. E' così che essa lo ha riguardato, quest'uomo, come un essere assiologico, come un libero mediatore tra il mondo dei valori e quello della realtà; e ora ha dovuto ricordare che l'uomo non è solamente portatore di ragione e di valori logici, ma altresì di valori etici ed estetici, ed ora ha dovuto dimostrare che è possibile l'integrazione dell'uomo con principi sovrumani, ora ha dovuto constatare la dissociazione della persona in elementi sparsi; ora ha dovuto liberare il pensiero prigioniero di una delle sue maglie, e restituirgli integrità ed unità. In questo senso la tradizione del pensiero italiano può dirsi veramente eroica. L'Italia non ha peccato. Non ha disseminato germi pericolosi di pensiero. Il razionalismo e i suoi derivati sono peccato di Francia, l'idealismo è peccato tedesco, il sensismo e l'utilitarismo sono peccati britannici; il marxismo, il comunismo, il liberalismo non sono germinati in mente italiana. Da questa terra benedetta partirono i legionari romani per sradicare la ferocia e la barbarie con il diritto; da questa terra benedetta nel rinascimento, fu sparso nel mondo il messaggio della cultura e dell'arte perchè l'uomo ritrovasse la sua vocazione; da questa terra benedetta Tommaso d'Aquino mostrò l'itinerario della mente per la verità; da questa terra benedetta Vico fecondò il pensiero fattosi sterile; da questa terra benedetta le nazioni ebbero svelato il segreto di ogni risorgimento, ossia il segreto di una mistica incandescenza dell'idea morale di pochi, che diviene eroismo di tutti e vince resistenza di secoli, indigenze fatali come la natura, opposizioni tenaci come il male, e come il male distruttrici; da questa terra benedetta, oggi una mistica riafferma contro i misticismi deteriori, insidiosi, il primato dello spirito che preservi la vita, illumini e trasfiguri le forze rigeneratrici della volontà, garantisca all'uomo, quale dimora inviolabile dell'amore la famiglia e la patria. Non un messaggio fraudolento agli uomini è mai partito dall'Italia; e molti invece, nel corso dei secoli, sono gli appelli per indicare la via perduta del bene, per risanare il pensiero, per dirigere la mente, per togliere alla verità uno dopo l'altro i veli con cui si nasconde.

Mistica fascista.

Noi veramente possiamo guardare alla storia d'Italia, come ad una genealogia pura e senza macchia. Arrivati a questo punto dell'indagine, ci sembra venuto il momento opportuno per definire i caratteri della mistica fascista. Essa appartiene al tronco della nostra tradizione. La romanità rifiutò i culti orientali, ossia l'assalto di un misticismo contaminato da occultismi malefici, da fantasmi disumani, da fanatismi sanguinari. Scrive a questo proposito uno storico insospettabile, il tedesco Vogt: « Le divinità orientali furono tenute lontane dal culto statale. Senato e magistrati cercarono d'inceppare la venerazione portata dagli idoli stranieri. La popolazione campagnola d'Italia che rappresentava la parte più sana della cittadinanza romana, era immunizzata contro la tentazione orientale della fede irremovibile nelle divinità indigene... Il popolo italico onorava secondo l'antico costume il genio del progenitore della casa, faceva sacrifici ai Lari e ai Penati ed era attaccato sinceramente alle potenze che proteggevano il lavoro quotidiano ». Roma non permetterà mai che impuri combustibili alimentino la sua fiamma mistica; e questa fiamma si spegnerà soltanto il giorno in cui un'altra fiamma, più intensa, più vivida, più illuminante, la fiamma del Cristianesimo, rivelerà agli uomini un volto divino, il volto del Figlio dell'Uomo. Come allora, oggi il Fascismo oppone ai misticismi orientali, ai misticismi della materia una barriera insormontabile. E sia detto questo soprattutto a coloro i quali hanno montato la loro macchina di guerra contro il Fascismo, perchè falliti i loro attacchi in altri settori, e lo hanno additato come ideologia mistica affatto identica a quelle ideologie dominanti in tutti i regimi totalitari. La distinzione da noi proposta tra mistica e misticismo, ossia tra il possesso delle realtà spirituali al difuori del processo discorsivo della ragione, e la passione animica, torbida ed irrazionale, cieca ed impulsiva, convinzione illusoria che atrofizza le facoltà intellettuali, che inibisce l'intelligenza sopraffatta dall'emotività, è di capitale importanza nel giudicare due regimi che si oppongono polarmente, quali il Fascismo e il comunismo. Come, infatti, nessuno inferirà identità di natura tra certe esaltazioni prodotte da psicosi e l'estasi mistica, sol perchè alcuni segni somatici esteriori sono identici nell'una e nell'altra, così non si può mettere il segno di equivalenza tra due regimi che assumono davanti allo spirito atteggiamenti antagonistici. Tanto più quando questo segno di equivalenza è un mero segno verbale, quale è l'epiteto totalitario. Ricordiamo questo soprattutto ai vari Ladon, De Greeff, Maritain, Thibon, ecc. psichiatri, psicologi e filosofi i quali dovrebbero sapere discernere la contraffazione isterica dall'esaltazione mistica. Costoro dovrebbero ricordare che Teresa d'Avila, San Giovanni della Croce sono stati da una scienza materialista accomunati con coloro che avevano perduto l'equilibrio della mente. Contro cotesto scientismo sacrilego, la dottrina cattolica ha opposto prove irrefutabili ed ha ricordato che Teresa d'Avila era dottore di Salamanca e Giovanni della Croce, dottore della Chiesa, appartiene di pieno diritto alla letteratura spagnola, ossia ha opposto che l'una e l'altro avevano integri ed eminenti i poteri della ragione e che da questa ragione si distaccavano solo quando era necessario più alto volo. Contro questo psicologismo partigiano alimentato da passione politica, noi opponiamo il diritto di cittadinanza alla mistica umana, diritto riconosciuto dal pensiero cattolico e non cattolico, che hanno accettato l'espressione esperienza mistica, ne hanno decifrato ormai le grandi linee, e riconosciuto in essa immagini già abbozzate degli stati mistici religiosi. Del resto l'esistenza della nazione presuppone l'esistenza di una mistica umana o profana che dir si voglia. La nazione è sempre un corpo mistico. Essa ha i suoi simboli, e noi sappiamo che simbolo significa intermediario, segno che ci fa comprendere come il senso di un mondo risiede in un altro, come tra questi due mondi esista una alleanza.

Funzione del simbolo.

Il simbolo è il ponte che li congiunge. La nazione, perchè corpo mistico ci possiede. Le idee sulla Patria si risvegliano, si accendono, si

38

animano, formano una convinzione irresistibile e ardente, se un simbolo eroico, la bandiera, appare. Essa è come una presenza a me estranea, che m'assedia, mi stringe, mi penetra. Anche le nazioni che hanno perduto il senso mistico della Patria conservano ancora, contraddicendo la mitologia dei partiti, qualche residuo mistico. E non è certamente per il misticismo democratico, per esempio, che le nazioni democratiche ancora vivono, ma proprio per quello che è contro questo misticismo democratico, che si alimenta con un mito antinazionale chiamato ora popolo, ora libertà, vivono per pochi simboli mistici che non sono stati ancora ripudiati. La nazione è un corpo mistico, e la mistica nazionale è la più alta delle mistiche umane. Questo messaggio oggi solo il Fascismo può lanciarlo al mondo, ricordando agli uomini che essi hanno un mistico retaggio: la Patria, un suolo che può nutrire le radici della loro umanità, come nessun altro suolo può farlo. Quando sarà passata la furia iconoclasta che oggi imperversa sul mondo, gli uomini guardando a Roma, matrice delle Patrie, eleveranno questa invocazione: « Dacci una Patria! ». L'attitudine pragmatica assunta dalla romanità, perchè incontaminati rimanessero i valori eterni e divini della vita, custoditi come sacri, messi al riparo nei tempi di rovina, diviene a mano a mano che il pensiero matura, coscienza critica che si assegna l'immane compito di far sussistere valori umani e valori divini, in connessione perfettiva, senza cioè che i primi siano sommersi e cancellati dai secondi, e questi siano aggrediti e negati dai primi. La tradizione del pensiero italiano è tutta sotto questo segno. Non esorcismi all'umano; il pensiero, infatti, è, per dirla con espressione plotiniana, *tatto del vero*; non esorcismi al divino, perchè la mente sa che la sua dignità regale consiste nello spingersi alle soglie di questo divino, per averne presentimento e quindi un primo possesso. Mantenere siffatta posizione è consegna eroica dello spirito, è come rimanere sull'orlo comune di due abissi. La tentazione perenne del pensiero di laicizzarsi, negando il divino, o di abdicare, negando se stesso e vanificandosi in questa o quella chimera del misticismo, solo con coraggio eroico si vince. Si può quindi affermare che il pensiero italiano non fu mai laico, perchè ebbe insopprimibile l'aspirazione, incrollabile la certezza che i due ordini, l'umano e il divino, dovessero coesistere, affinché quell'essere paradossale ch'è l'uomo, potesse avere integra vita spirituale, la vita dei due ordini. Persino la collisione tra i due ordini, episodica nella nostra storia, rende testimonianza che la mente italiana non si acqueta nel monologo, ma alimenta, attizza il dialogo, talvolta tragico, tra il verbo dell'uomo e il verbo sovrumano. O nella curva della conciliazione, o nell'angolo della collisione è possibile iscrivere lo sforzo gigantesco del genio di Agostino e di Tommaso, di Caterina da Siena, di Dante, degli Umanisti, di Machiavelli, di Rosmini, di Gioberti, di Mazzini, e il travaglio di coloro che non raggiungono con il genio la sintesi illuminante, ma con acutezza di pensiero ne vedono gli elementi.

Il Vico eroico.

Questo soprattutto è il significato che bisogna dare all'antirazionalismo e all'intellettualismo di Vico. Antagonista di Cartesio? Certamente; ma non è tutto. Filosofo europeo da mettere in compagnia di Spinoza, Kant, Hegel. E sia, se i compagni sono i duellanti. Ma è questo il vero Vico? Occorre seguirlo nel suo viaggio e sorprenderlo nel momento in cui scala la cima più impervia, supera le nubi, guarda il sole. E' allora ch'egli proclama che Dio è « *posse, nosse, velle infinitum* », l'uomo « *posse, nosse, velle finitum quod tendet ad infinitum* ». Questo è il Vico eroico, che appartiene non di nome, ma di fatto alla tradizione italica, il Vico che non trema a mettere in correlazione unitiva il *finitum* e l'*infinitum*, l'uomo e Dio. Eroe della vita filosofica è stato chiamato. Ma, o l'eroismo filosofico lo si intende come volontà di comprendere l'ordine umano e l'ordine divino, non sacrificando nè l'uno nè l'altro, oppure esso eroismo è onorificenza dell'ordine filosofico, che può essere accordata ad altri. Vico, è stato detto, ebbe carissima la parola eroe e tutti i derivati di essa « eroismo, eroico ». Se ebbe cara la parola, è perchè ebbe coscienza di voler spingere la ragione all'ultimo valico, là ove trapassa, senza negarsi nella mistica. « Io vorrei per mezzo della ragione servire il regno spirituale della mistica » dice un filosofo. Codesto voto è conquista del Vico, è conquista eroica. « Se l'occhio non fosse a forma di sole, non potrebbe mirare il sole. Se in noi non fosse la forza propria di Dio, come potrebbe entusiasmarci il divino? » Per Cartesio e per il razionalismo l'occhio è una figura matematica, una sfera, con tutte le proprietà della sfera. Per Vico il sole e l'occhio si rispecchiano l'uno nell'altro e rivelano il mondo. Entusiasmo per il divino: ecco l'epigrafe per la filosofia di Vico. Il finito che si aderge con ritmo sempre più ampio verso l'infinito e nel suo processo rivela i valori divini, e l'infinito che si offre alle conquiste del finito: ecco la linea eterna della storia. Codesta linea sacra, custodita come abbiamo detto dalla romanità, rivelata dalla tradizione del pensiero italico è la trincea del Fascismo, ch'è nella sua essenza, è mistica di combattimento. Una posizione eroica non si tiene senza combattimento: i valori divini della vita esigono il sacrificio della vita. Ecco il mistico messaggio del Fascismo: ecco il contenuto originale della mistica fascista. Ove non c'è offerta di sè, dice il Fascismo, non c'è realtà di valori. L'ultima e più pericolosa forma di intellettualismo e di razionalismo, dissociando il vero, dalla umana testimonianza del vero, la fede dal martirio, aveva ingenerato la convinzione che una saggia amministrazione dei beni dell'intelletto, avrebbe acclimatato la verità nel mondo. Concezione perfettamente burocratica e meccanica dei valori. Contro questa aberrazione il Fascismo ha proclamato che ogni realtà spirituale ha la dialettica della redenzione, la quale come si sa è ciclo che si apre e si chiude nel sacrificio. Così per la mistica fascista ogni valore è connesso ad un sacrificio da compiere. Non è difficile rendersi conto dell'immensa portata di questa rivoluzione spirituale che può ricondurre gli uomini e le nazioni a quella comunione col bene di cui si è smarrito il senso. «Quella medesima cosa che ora è chiamata religione cristiana, esisteva già nell'antichità e non mancava alle origini della umana stirpe ». Così scrisse S. Agostino. E noi con parafrasi possiamo dire: Quella medesima cosa che ora chiamiamo mistica fascista esisteva già nella romanità, reggeva la tradizione del nostro pensiero, si innalzava a coscienza eroica nel Vico e diveniva germe di risurrezione dell'Italia.

Mistica fascista messaggio di giovani.

La mistica fascista dunque è mistica umana, e come tale è in rapporto analogico con la mistica religiosa. Ciò significa che pur salvaguardando le differenze d'ordine, comparazioni feconde possono essere poste tra l'una e l'altra mistica. Se teniamo presente che la mistica fascista combatte per i valori spirituali, comprenderemo perchè essa sia soprattutto messaggio ai giovani. Il giovane è sempre un mistico, perchè ha cuore e mente disponibili, perchè non è ancora sotto il giogo degli interessi, perchè aspira consapevolmente o inconsapevolmente ad un mondo migliore di cui egli sia anche artefice, perchè possiede capacità di contemplare più che di sperimentare. Il giovane comprende i processi purificatori perchè ha capacità di sforzo catartico, il giovane si lascia invadere e conosce quella sofferenza amara e soave che è la purificazione passiva, ossia la purificazione che si opera con l'abbandono di sè; il giovane è fondamentalmente e risolutamente intrinsecista, cioè volto verso l'interiorità; il giovane non ha ancora barattato il prezzo della sua anima. Ora non c'è parola di Mussolini che non possa essere considerata come parola ai giovani, perchè questa parola è costante appello alla rinuncia, alla purificazione, al sacrificio, all'offerta di sè, a ciò che ci trascende. Sembra che Egli dica: Nella mistica trincea del Fascismo c'è posto per voi, ma la via che a questa trincea conduce è la via della purificazione, del disinteresse, della nudità dello spirito, della purità dell'intenzione, della liberazione da ogni sollecitazione terrena. Il premio di questa offerta consiste nel possedere il bene servendolo. Voi potete vincere la morte offrendovi alla morte. Talvolta questo linguaggio mussoliniano ha non solo l'accento mistico, ma la struttura mistica. *« Ci siamo* — Egli dice nel discorso al popolo di Cremona — *macerati lungamente nello spirito. Abbiamo sofferto ed abbiamo taciuto, ci siamo sottoposti a questo durissimo cilicio »*. In ogni occasione sprona la volontà perchè accetti la vita pericolosa, perchè la vita pericolosa è la vita eroica dello spirito. Mistica umana la mistica fascista, perchè difende valori umani, mistica di combattimento, perchè pronta a testimoniare la santità di questi valori con il sangue, mistica unitiva perchè creatrice di quel corpo mistico che è la Patria, mistica eroica perchè orientatrice della coscienza umana verso quel mistero nuziale della realtà spirituale con il divino, mistica redentrice che fa conquistare all'uomo quella integralità del suo essere, che è come una parentela assoluta tra l'umano e il divino. La mistica religiosa è un appello e come tale un'ispirazione ed una aspirazione ad unire sinergicamente intelletto, volontà, amore in una adesione concreta e totale dell'uomo a Dio. Contatto immediato, senza immagine, senza discorso, ma non senza luce, colla divinità e quindi coscienza di una illuminazione, sentimento della sua presenza immediata. Alcuni di questi elementi, sono anche elementi della mistica fascista. Anch'essa è un appello, anch'essa è unione sinergica d'intelletto, volontà, amore. E' coscienza d'illuminazione non per contatto immediato con la divinità, ma per percezione intensa ed immediata con alcune realtà spirituali, che reggono e santificano la vita dell'uomo, dell'uomo concreto, dell'uomo che appartiene ad una comunità nazionale e familiare. Questi gli elementi comuni ed analogici tra le due mistiche. Ma c'è un elemento della mistica fascista che ne costituisce il carattere originale e ne consacra l'unicità. La mistica fascista è mistica come abbiamo detto di combattimento, mistica di offerta totale alla fede giurata, identificazione nel sacrificio con i valori ideali professati. La mistica fascista attesta la validità del suo credo con la prova del sangue. Chi dischiude alla verità solo la mente e non le apre le vene, non è degno della verità. Essa è sempre un messaggio che bisogna portare in campo nemico aprendosi la via con un combattimento. La mistica fascista è simile ad un fiume che ha sorgente e foce su una linea verticale e per letto una cascata. Energia, luce, calore e movimento si generano perchè la massa di acqua affronta il precipizio. Se quel fiume si snodasse in una pianura, morirebbe inutile alla foce. Così il Fascismo se perdesse l'afflato mistico diverrebbe pigra massa, fiume che, paventando la cascata, torce il suo corso in un pigro letto di pianura. Tutte le grandi ore della Patria, dall'avvento del Fascismo, sono state ore mistiche. L'Impero conquistato è il premio di mistica rinunzia. Sono le ore mistiche, le ore dell'offerta, sono le ore che con espressione goethiana vorrei chiamare piene fino all'orlo. Sono le ore in cui il corpo mistico della nazione si nutre della parola di Mussolini.

INCONTRI

Bisogna avere delle convinzioni profonde riguardanti la totalità della nostra vita: queste convinzioni io le chiamo principi. I nostri pensieri e le nostre azioni, quindi necessariamente la nostra vita, si dirigeranno secondo queste convinzioni. L'ordine nei particolari è ben poca cosa per chi vuole ordinato il tutto.

SENECA - Dalle lettere a Lucilio.

Ora le verità generali sono eterne: le particolari, invece, anche in un istante di tempo si possono mutare in false, mentre i veri eterni stanno sovra all'ordine naturale; poiché in natura non v'e cosa che non sia mobile e mutabile.

G. B. VICO - De nostri temporis studiorum ratione.

L'Italia è matura per ogni più nobile e più audace impresa; ma stanca di sette, di libri, di sistemi e di partiti, ha bisogno di apostoli armati, di libri viventi, di uomini che sentano l'unità della vita e rappresentino nell'azione il pensiero.

GIUSEPPE MAZZINI - Il Partito d'azione.

Ogni sistema sociale sorge dalla vita, riceve dalla vita la sua ragione d'essere; è creato e conservato dall'ispirazione vitale; riducesi all'arte di vivere in un tempo determinato. Il sistema si spiega con le cose esteriori; è meccanico; ma la sua creazione è una magia ritmica, un vero incanto. Quindi il meccanismo d'ogni sistema sociale esprime una particolare armonia, che si tempra nel ritmo della vita e che chiamerò sistema mistico. Giova scrutare il fenomeno del sistema mistico che fu troppo disconosciuto e confuso con altri fenomeni. Non posso definirlo, perchè non si definisce l'ineffabile; non posso spiegarlo, perchè non si spiegano gli incanti; mi limito a verificarlo.

GIUSEPPE FERRARI - Filosofia della Rivoluzione.

« CARATTERISTICHE E MOMENTI MISTICI DELLA STORIA D'ITALIA ».

Argomenti: La rivelazione della volontà di Roma, portatrice dei valori mediterranei, contro i semiti di Cartagine – Il fondamento spirituale dell'Impero di Ottaviano – Il tentativo di restaurazione delle forze primigenie della razza italica in Diocleziano – Il valore sintomatico della battaglia di Legnano – L'Età moderna: Venezia, il Piemonte – Il Risorgimento.

Relatore generale:
CONS. NAZ. CORNELIO DI MARZIO, PRESIDENTE DELLA CONFEDERAZIONE FASCISTA DEI PROFESSIONISTI E ARTISTI.

IL FASCISMO CREDE ANCORA E SEMPRE NELLA SANTITA' E NELL'EROISMO, CIOE' IN ATTI NEI QUALI NESSUN MOTIVO ECONOMICO – LONTANO O VICINO – AGISCE. IL FASCISMO DEVE DIVENTARE UN MODO DI VITA! VI DEVONO ESSERE GLI ITALIANI DEL FASCISMO, COME VI SONO, A CARATTERI ICONFONDIBILI, GLI ITALIANI DELLA RINASCENZA E GLI ITALIANI DELLA LATINITA'. SOLO CREANDO UN MODO DI VITA, CIOE' UN MODO DI VIVERE NOI POTREMO SEGNARE DELLE PAGINE NELLA STORIA E NON SOLTANTO NELLA CRONACA. ANCORA E SEMPRE LO SPIRITO E' LA LEVA DELLE GRANDI COSE; SENZA UN'ATMOSFERA MORALE DI ENTUSIASMO, DI PASSIONE, DI DEDIZIONE, DI SACRIFICIO NON SI FA NULLA.

CARATTERISTICHE E MOMENTI MISTICI DELLA STORIA D'ITALIA.

(Relazione generale sul secondo tema, di Cornelio Di Marzio)

Camerati, Non ci perderemo, nell'occasione di questo Convegno, nel rintracciare le origini del misticismo, fenomeno legato alla religiosità degli uomini, nè potremo dilungarci nello studiarne i vari aspetti. Noi non possiamo parlare, qui, nè di misteri, nè di contemplativi; non possiamo pensare nè ad uomini che si appartano, per intuire meglio nella solitudine la divinità, nè, dati i nostri gusti di uomini d'azione, ci possono piacere coloro che hanno gli occhi chiusi e, data la natura del Convegno, gli uomini che hanno la bocca serrata al più profondo silenzio. Anacoreti e contemplativi non possono essere oggetto del nostro esame, neppure dal punto di vista storico. Per poter definire e accettare un significato quasi religioso del misticismo dovremmo parlare di una religione a cui, esso misticismo, fosse congiunto: ma è chiaro che noi non intendiamo supporre altra religione oltre quella esistente e a cui crediamo: nè vogliamo, seguendo un uso piuttosto letterario, rassomigliare alla religione altre fedi e dipingerle come quasi religiose o vicine alla religione. Dobbiamo perciò, per chiarezza di impostazione, definire subito il problema come un problema politico e cercare di non servirci, neppure sotto forma di analogia o di paragone, di riferimenti o parallelismi di carattere religioso. Lasceremo, perciò, da parte tutte le forme mistiche che possono avere un richiamo ad estasi o a magia, a dissolvimento o a beatitudine. Misticismo indiano o ellenistico, platonico o dionisiaco, misticismo che si eleva ad altezze vertiginose o cade nell'abbandono, con profondo senso di vuoto e di solitudine, sono tutte forme che possono interessarci e commuoverci nello studio delle religioni, ma che ci farebbero, certamente, uscire fuori di strada se noi ne tentassimo lo studio in un convegno come questo di natura politica. Anche se volessimo esaminare, e ce ne sono state certamente moltissime, le ripercussioni di quelle forme religiose sugli aspetti e sull'organizzazione della vita politica. Vogliamo tentar di vedere gli effetti del misticismo francescano sull'Italia del 1200? O studiare gli influssi del misticismo giovanneo sul primo cristianesimo? Tema da far paura non al solo Presidente del Convegno di Mistica. Se uno degli effetti più sicuri di un certo misticismo

46

religioso è proprio quello di estraniarsi da se stessi, sicché i sentimenti individuali e intimi hanno sempre il sopravvento sulle emozioni provenienti dall'esterno, sulle idee comuni, sugli atti di volontà, noi dovremmo porre nelle voci miracolose e nelle visioni individuali un valore politico che sfugge al nostro esame critico e, perciò, dovremmo giudicare i nostri valori esterni o alla stregua di un atteggiamento aprioristicamente negativo o per lo meno da superare e annullare nel successivo stato di contemplazione mistica.

Misticismo umano, realistico, politico.

Secondo me, non ci può essere che un solo mezzo per poter discutere di mistica e di misticismo: tagliare ogni qualsiasi contatto con la religione e lasciarla da sola padrona nel suo regno. Così il misticismo nostro, quello di cui qui trattiamo, dovrà avere per noi solo un significato umano, realistico, politico, se non vorremo che con riferimenti, richiami, echi o confusioni la parola mistica ci faccia confondere le idee con tutti quei suoi richiami extra temporali ed extra spaziali, distruggendo ogni riferimento ed ogni richiamo per noi uomini obbligati invece a muoverci fra l'esteriorità più concrete, oltre che tra le categorie politiche dello spazio, del tempo e delle necessità. Nè sarà male aggiungere che, in un movimento come il nostro, la super-valutazione mistica dell'io, risolvente in se stesso, in un fortunato momento di ascesa, l'immanente e il trascendente, può rappresentare più un momento di preparazione e di sogno, che di azione e di volontà. Per noi, dunque, mistica e misticismo debbono essere un'altra cosa, una cosa ben diversa dal misticismo di origine e di natura religiosa. Si potrebbe, qui, trattare di un misticismo di natura attivistica? Qualcosa di simile al misticismo dei missionari, il misticismo dei domenicani, del « *Santo Atleta - benigno a' suoi ed a' nemici crudo?* ». Un misticismo come quello di S. Caterina da Siena che da una parte potrebbe riattaccarsi a doveri attivistici, senza rinunziare nè ad esami intellettualistici, nè a penetrazioni profonde di natura psicologica? Ad un misticismo che lasciando impregiudicato il presupposto dell'unione spirituale con Dio, il fine della salvazione, avendo come mezzo l'annullamento in Cristo o nella sua Passione, riesca a diffondersi, attraverso il comune sentimento, nell'animo dei vicini, dei laici, dei concittadini, sino a divenire da fenomeno personale fenomeno collettivo? Dobbiamo riferire tutti gli eroismi missionari, tutte le lotte per la liberazione del sepolcro di

Cristo, tutte le opere messe in valore per la liberazione degli schiavi e la diffusione della fede? A noi interessa vedere il cammino che ha percorso, con i secoli, il sentimento mistico, sino a confondersi con quella tendenza mouseovere misticheggiante in rapporto con la filosofia della natura, con gli errori teosofici, con alcuni aspetti del romanticismo, con certi richiami poetici a sentimenti profondi, a fedi indicibili, ad aspirazioni lontane. Così da lontanissimi misteri che gli hanno dato il nome, il misticismo, riempiendo di vita spirituale la nostra distratta ed operosa vita, approfondendo le nostre indagini intime, arricchendo le nostre risorse profonde ha rappresentato un movimento di elevazione in momenti di umiliazione o di decadimento, ha significato una risorsa ignorata in momenti di sciocchi calcoli razionalistici, ha vinto i noiosi momenti di un razionalismo numerico e progressista ed ha rappresentato la rivolta contro ogni calcolo arido, ogni logica formale, ogni esteriorità atona e grigia. La mistica, portando l'esame dall'alto del freddo cervello all'intimo caldo del cuore, ha rappresentato momenti di magnanimità sul crudo computo, ha aperto nuovi orizzonti alle indagini filosofiche, ha provocato rivelazioni spirituali, ha fomentato creazioni d'arte. E come il cuore è l'organo più magnanimo e caldo, instancabile e disinteressato, entusiasta e miracoloso del nostro organismo, così i sentimenti che a lui si riferiscono o da lui prendono nome, negano ogni calcolo, ogni presupposto egoistico, ogni contenuto brutale. E ai sentimenti e ai moventi del cuore l'umanità ha attribuito arricchimento di linguaggio, sogni di poesia, creazioni d'arte, eroismi di soldati, sacrifici di missionari e di politici, impeto di condottieri, creazioni di capi, rivolte di oppressi, sogni di impero. Il cuore, fondamento di vita, ha dato così origine a sentimenti che, da lui derivanti la presunta origine, sono a loro volta fonte e segno di vita spirituale e politica.

« Sola fides sufficit ».

Possiamo, così, riscontrare momenti mistici in ogni atto di conoscenza, in ogni movente di azione, in ogni impeto eroico, in ogni sentimento di subordinazione ad un principio superiore o ad un Capo. Nè tale sentimento mistico, ossia tale abbandono fiducioso ad una fede, nega la conoscenza perfetta della fede in cui si crede (*fides que creditur*), mentre soverchiante è l'affetto interno che la investe e la trasforma (*fides qua creditur*). Tutte le ricerche razionali sono presupposti non essenziali all'atto di fede, e come le immagini sensibili e le concezioni intellettualistiche non sono necessarie alla perfetta conoscenza della divinità, così soltanto la fede in una più vasta giustizia sociale, in un migliore destino del popolo italiano, in un sicuro impero, può escludere ogni altra più precisa conoscenza analitica di disposizioni e di leggi, di dati e di norme. Si può credere che tale predisposizione dell'animo si differenzi molto dall'obbedienza all'invito tomistico della « *sola fides sufficit* » e che, in fondo, essa riecheggi lontane frasi dello pseudo Dionigi l'Aeropagita sulla « assoluta e felice ignoranza »? Noi pensiamo che molto pericoloso sarebbe non rintracciare in questo termine di *ignoranza* un implicito valore polemico, con il significato di una diversa conoscenza in antitesi, se non in contrasto, con le altre conoscenze di natura non intuizionistica od artistica, ossia non fondate sull'osservazione, nè sul ragionamento. C'è in questa allegorica ignoranza non la goffa presunzione dei veri e autentici ignoranti, ma la modestia dei veri sapienti, quelli che da Socrate che « *sapeva di non sapere* » a S. Agostino; da S. Bonaventura a Niccolò Da Cusa umiliarono la loro mente a Dio e trattarono della dotta ignoranza. Così come D'Annunzio cantò che la « *scienza non val legno ficulno, nè zaccaro caprigno* », convinto come era che vera scienza, ossia vera conoscenza, è solo l'arte. Ora se c'è bisogno di umiliare la propria vanagloria a Dio nelle questioni di fede, c'è allo stesso modo necessità di riconoscerne la presenza in tutti i grandi momenti della vita di un popolo, in ogni supremo evento, quando pare che la forza degli uomini singoli non sia che espressione di un più infallibile destino e di una più grande volontà. Mussolini, nel discorso del 15 aprile 1926, a Tripoli, disse che quando pensava al destino d'Italia egli era ricondotto a vedere in tutto quello svolgersi di eventi « *la mano infallibile della Provvidenza, un segno infallibile della Divinità* ». Concetto che ribadiva l'altro espresso il 4 novembre 1925, a Roma, nella celebrazione della Vittoria, quando invitando gli italiani a pensare alla storia d'Italia di questo scorcio di secolo, affermava che in essa si sarebbe trovato « *quasi certamente il segno di Dio* ». Con questa certezza, gli uomini operanti nell'ambito del Regime, ritengono che il Fascismo sia, più che una norma precisa da controllare e verificare in ogni momento, una passione e una fede. Esso ha posto come mete da raggiungere degli ideali lontani o, come si direbbe con termine soreliano, dei miti da conquistare. Disse Mussolini, nel discorso di Napoli del 24 ottobre 1922, che non è necessario che il « *mito sia una realtà »*. E' mito in quanto sarà una realtà: nel presente *« è una realtà nel fatto che è un pungolo, che è una speranza, che è fede, che è coraggio »*. Noi siamo, dunque, una fede e poiché siamo appena agli inizi della nostra vita politica *« le nostre fedi sono necessariamente intransigenti, mentre sono transigentissime le fedi che declinano »* (alla Camera dei Deputati il 1 dicembre 1921). La nostra fede è intransigente perchè è mistica, ossia superante il contingente, l'empirico, l'economico, il razionale, per tendere solo agli obiettivi ultimi che sono rappresentati dalla più vasta giustizia sociale, dalla maggiore potenza del popolo italiano, dalla eternità dell'impero d'Italia. In questa superiorità dei valori dello spirito, della intuizione alacre, sul motivo empirico, sulla contingente politica sta la forza del Fascismo che ha adottato come insegna i tre verbi mussoliniani, di perfetto carattere mistico: *« credere, obbedire, combattere »*.

Superiorità dei valori dello spirito.

I vari relatori, nei loro interessanti e spesso sapientissimi scritti, hanno cercato di lumeggiare le «caratteristiche di alcuni momenti della storia d'Italia» sotto l'aspetto del predominio del fatto fede su quello calcolo; della cieca obbedienza sull'arida autonomia e del vittorioso combattere in luogo del troppo logico ragionare e del troppo sofistico distinguere. Studi, i loro, della più diversa portata e della più varia stesura, ma che tutti rivelano o una preparazione profonda intorno all'argomento specifico svolto (come negli scritti di Pantaleo Caraballese, Carlo Guido Mor, Renato Molinari, Dino Bonardi, Cesare Mussini, Vigliani, Cappiello, ecc.), o una visione d'insieme alta e sintetica (come negli scritti di Guido Gianelli, Rodolfo Corselli, Testa, Molinari, Ferorelli, Maraffa Abate, Garofalo). Secondo me, dalla discussione del Convegno, il tema, se da un lato va limitato, dall'altro deve essere approfondito, perchè nella vita di ogni personaggio storico, anche se attivissimo, non possono essere mancati momenti di intenso misticismo, di alta ispirazione, di profondissimo sentimento. La vita non può essere tutta filosofica ed errore fondamentale dei filosofi è di ritenerla soltanto tale. Ma quei momenti mistici caratterizzati da altissima fede e da intensissima elevazione, mentre sono riconoscibilissimi e individuabili facilmente, nella divina visione di Dante, nella tempestosa pittura di Michelangelo, nella profetica fede di Mazzini, nell'azione travolgente di Garibaldi, nella

50

tenacissima volontà dell'Alfieri e nelle, ora faticose e ora profonde, visioni di Vico e di Bruno, di Machiavelli e di Campanella, negli impeti poetici di Petrarca e di Foscolo, di Leopardi e Carducci, di Pascoli e D'Annunzio, essi trovano un'indiretta spiegazione tra il facilone ed il fatalistico, anche nella credenza popolare dello stellone d'Italia. A questo stellone si riferiscono, infatti, le speranze incerte, i sogni inespressi, la sicurezza di un favorevole risultato o di una sicura conclusione di ogni lotta, di ogni difficoltà, di ogni guerra; ma tali speranze, senza nessuna logica e senza l'aiuto di nessun ragionamento, sono motivo di certezza, di decisione, di fede. Nè si può negare che tali momenti mistici siano esclusivi dei temperamenti artistici, che essi sono, invece, la molla principale, se non la decisiva, tanto nei grandi politici che negli altissimi genii creatori. Che dire della profonda, solitaria contemplazione di Archimede e delle sue grida miracolose di « Eureka » o «. dammi un punto d'appoggio e solleverò il mondo » e del popolaresco motto, vero anche se non pronunciato, dell'« Eppur si muove » di Galileo? E che dire della miseria affrontata senza timore e dei sogni vissuti senza paure da tanti inventori gloriosi, tenacissimi nelle ricerche, ma tenacissimi ed esclusivi nella mistica della loro fede?

La mistica nei grandi politici e nei geni creatori.

Quale momento più mistico di quello cesariano, circondato da tante visioni e da tante voci, del passaggio del Rubicone? « *Alea jacta est* » dice il condottiero; ma, al barcaiolo timoroso di Durazzo, Cesare dirà: « *quid times? Cesarem vehis* ». Infiniti sono gli esempi di guerrieri che attaccano in condizioni, secondo la logica e il ragionamento, di inferiorità; ma la vittoria arride allo spirito. Da Scipione a Garibaldi, da Giovanna d'Arco a Napoleone, dalle guerre dell'Indipendenza contro l'impero austriaco, alla conquista dell'Etiopia contro l'impero del Negus, gli esempi si potrebbero moltiplicare all'infinito. A noi, però, basterà ricordare che dal « tanto meglio » degli spartani che combattono all'ombra contro i persiani, alla grandiosa resistenza di tutto un popolo, alle sanzioni ginevrine, dietro la travolgente volontà di Mussolini, la storia è tutta piena di vittorie arrise agli spiriti più entusiasti, più disinteressati, più solitari. Il problema della mistica nella storia, così, per noi si è allargato tanto da investire le profonde radici della vita stessa ed attrarre dalle intime forze della nostra anima quanto vi è d'intuitivo e di misterioso, di ignorato e di divino. La vita, come la storia degli uomini, non si presenta più come un meccanico succedersi di progressi continui o un noioso computo di interessi determinanti azioni umane. Il marxismo e il materialismo sono poveri incidenti nel corso dei secoli: il mercantilismo e l'empirismo sono atti polemici nella fuga tempestosa degli anni. La storia e la vita degli uomini sono regolati da una sola forza: la volontà dello spirito. Il quale, se nei momenti più usuali e comuni ha le radici conficcate nel profondo della terra, nei momenti più alti e definitivi raggiunge l'empireo, tra gli astri e i beati, come nel paradiso di Dante. Nè a resistere alla potenza dello spirito bastano gli sconfinati oceani o le altissime montagne; poiché, se a spostare queste basta la fede, a superare quelli sono sufficienti tre caravelle disarmate con a bordo un marinaio visionario: Colombo. A quello stesso modo con il quale a conquistare Roma, nel momento di più difficili computi strategici e di più complicate formule politiche, marciarono alcune migliaia di male armati o disarmati squadristi che, agli ordini di Mussolini, con il loro volontarismo, con la loro fede e con il loro eroismo, mutando il corso degli eventi, ridettero alla patria una dignità e alla storia d'Italia un Impero.

PUNTI FERMI

La vita è una elaborazione continua sotto l'assillo del meglio, sotto l'impulso delle necessità, con l'inquietudine tipica dei popoli cerebrali tesi ad affinare gli spiriti, le iniziative, gli Istituti che più devono servire a reggere le sorti di una nazione.

Quali sono i compiti di domani? Essere coerenti alle premesse. Credere nella giustizia e viverla, ed esaltare il lavoro.

Guai agli assenti, ai neghittosi, ai pigri, agli abulici. Essi meritano l'epiteto di traditori. Non c'è posto per loro nella vita italiana. Il Fascismo non ammette i tremebondi di manzoniana memoria che amano stare in coda ai cortei per vedere da qual parte sbanda il condottiero.

Un docente di filosofia che si faccia ancora pioniere delle ideologie libertarie fiorite in Europa nella seconda metà del secolo decimonono, non potrà essere che un nemico del Fascismo, trincerato dietro al velo della cultura storica.

Uno scienziato che non si senta di essere un soldato della Nazione in marcia, sarà sempre un elemento negativo e sarà, sopra tutto, un pessimo docente.

Marciare con l'anima e la mente aperta a tutte le verità: ecco la divisa che più si attaglia al nostro spirito di fascisti in cammino.

ARNALDO MUSSOLINI

TERZO TEMA

« VALORE E FUNZIONE DELLA MISTICA NELLA DINAMICA DELLA RIVOLUZIONE FASCISTA ».

Argomenti: I tre tempi delle rivoluzioni: il mistico, il politico, l'amministrativo - Valore fondamentale della mistica per la conservazione del «clima» rivoluzionario - Funzione essenziale della mistica per la continuità della Rivoluzione.

Relatore generale:
DOTT. GUIDO PALLOTTA VICE SEGRETARIO DEI GRUPPI UNIVERSITARI FASCISTI

UN PERICOLO PUÒ MINACCIARE IL REGIME : QUESTO PERICOLO PUÒ ESSERE RAPPRESENTATO DA QUELLO CHE COMUNEMENTE VIENE CHIAMATO „SPIRITO BORGHESE", SPIRITO CIOÈ DI SODDISFAZIONE E DI ADATTAMENTO, TENDENZA ALLO SCETTICISMO, AL COMPROMESSO, ALLA VITA COMODA, AL CARRIERISMO, TUTTO TORNA AGLI UOMINI E LA RIVOLUZIONE, NEL SUO SVILUPPO, SARA LEGATA ALLA CAPACITA, ALLA TEMPRA, AL CARATTERE DEGLI ITALIANI.

VALORE E FUNZIONE DELLA MISTICA NELLA DINAMICA DELLA RIVOLUZIONE FASCISTA

(Relazione generale sul terzo tema, di Guido Pallotta)

Camerati, abbiamo noi tutti la sensazione del destino che ci attende, la coscienza della missione splendida e tremenda che la sorte ci getta sulle spalle, a questa svolta della storia umana? Siamo tutti preparati ai compiti, ai doveri, ai sacrifici delle battaglie di domani? O la lotta per la vita, la necessità miserabile e imperiosa del pane quotidiano, l'affannosa ricerca del lavoro, del posto, dell'impiego non distraggono forse molti, troppi di noi da quello che è il fine ultimo, lo scopo essenziale della nostra esistenza: la dedizione di tutto il nostro essere alla Rivoluzione, l'olocausto di domani? Chi intende misticamente la Rivoluzione non può non essere preparato a morire per essa, perchè vi è un solo modo di essere mistici quando la Patria chiede sangue: offrirlo. Noi sentiamo che la nostra missione è il combattimento: di idee oggi, di baionette domani; noi pensiamo che la vita sia bella soltanto perchè possiamo donarla all'Idea; noi riteniamo che senza l'azione eroica, senza la possibilità di cingerci domani la fronte d'un rosso gallone di sacrificio, senza la possibilità di misurare la fede a buon metro d'ardimento, la vita sarebbe una ben misera, una ben triste cosa. Questo misticismo eroico degli interventisti del '15, degli squadristi vigiliari, dei legionari di Fiume e di Valona, d'Africa e di Spagna; questa invincibile volontà di dedizione alla Patria fascista fu la forza che mise in movimento la grande ruota della nostra storia. Oggi questa stessa forza alimenta giorno per giorno l'azione della Rivoluzione e la spinge sulle vie del futuro.

Il misticismo di Mussolini.

Tutta l'essenza dinamica della nostra mistica è già nell'asserzione di Mussolini al Congresso socialista di Zurigo nel 1904: *« Noi siamo la buona semente del sacrificio »*; è già nella definizione che Mussolini diede dei militi volontari, nel febbraio dell'anno II: *« Sono i superfascisti, gli asceti del Fascismo, quelli che obbediscono al Fascismo-idea, passione, fede, apostolato »*. I mistici hanno un'impronta inimitabile che Mussolini già nel 1912 così definiva: *« E' l'idea che ci dà un inconfondibile sigillo, che di differenzia da tutti gli altri uomini che si esauriscono nella lotta per il vantaggio immediato. E' da costoro che noi dobbiamo scinderci; sarà il primo atto della nostra purificazione »*. Chi oserà misurare l'apporto formidabile dato alla dinamica del Fascismo dal misticismo del suo creatore? Già 15 anni prima della fondazione dei Fasci, Mussolini è un mistico, arso dalla fede nell'azione e nel sacrificio. E' un mistico quando nel 1909 si scaglia contro *« il vasto movimento pietista »* del Partito socialista, dei suoi rivoluzionari delle tagliatelle e dei vari onorevoli Barbera. E' un mistico quando, intransigente odiatore di tutti i compromessi, di tutti i mezzi termini, di tutti gli accomodamenti, già nel 1910 esce in quella minaccia che nove anni dopo sarà posta in azione dalla sacrosanta violenza delle Squadre: *« Non avremo remissione pei ciarlatani a qualunque partito si dichiarino inscritti, tutte le volte che andranno tra le folle operaie a cercare applausi, voti, stipendi e clienti »*. Ed è proprio allora che emana quelle norme che oggi paiono dettate per i Fasci di Combattimento. *« Il Partito non è un campo per gli uomini illustri; gli uomini sono gli strumenti del Partito, non il Partito degli uomini... Tutti coloro che cercano soddisfazioni personali e materiali, tutti coloro che non sono pronti al sacrificio assiduo, quotidiano, disinteressato, indietro! Nella nostra dura ed aspra milizia non c'è posto per loro »*. Bellissimo monito che vorremmo vedere inciso sui frontoni di tutte le Case Littorie a fianco di quest'altro credo mistico e mussoliniano del 1904: *« Alla quantità noi preferiamo la qualità. Al gregge obbediente e rassegnato che segue il pastore e si sbanda al primo grido di lupi, preferiamo il piccolo nucleo, risoluto, audace, che ha dato una ragione alla propria fede, sa quello che vuole e marcia direttamente allo scopo »*. E' l'ardimento delle Squadre, il misticismo delle spedizioni punitive, il pazzo coraggio delle Disperate che Mussolini così preannunciava. Ma anche allora aveva in uggia soprattutto quelli che Egli chiamava *« i profeti dell'immobilismo, i pessimisti, gli scettici »*: gente dura a morire, che ancora oggi ci ritroviamo tra i piedi, ironizzante, diffidente e cretina come quando, nel 1909, Mussolini ne fustigava *« le abitudini animali d'esistenza che si traducono —* scriveva *— in un sorriso di compassione per coloro che vogliono correre il grande pericolo e togliersi, con un atto eroico, dalla mediocrità che li soffoca »*. Di uno splendente misticismo è l'invettiva mussoliniana del maggio 1914 contro l'oro, dio della Borghesia: *« Alla religione succede l'affarismo. C'è* *bisogno di una fede umana cui affidare lo stimolo del progresso storico. Quando ogni fede è morta si cade nel fatalismo... Forze imprevedibili condurranno alla meta »*. Profezia mirabile della rivoluzione fascista, che doveva restituire agli italiani quella fede e quell'ideale che sin dal 1910 Mussolini aveva invocato con quella prosa amara: *« L'Ideale? Al diavolo! Nessuno ci crede più. E se qualche solitario ci crede, viene definito un imbecille che amoreggia con la luna. Noi apparteniamo ancora a questo esiguo manipolo di sognatori »*. Sin da quell'oscura vigilia tutte le pagine più belle di Mussolini ci gridano i tre verbi della mistica fascista: credere, obbedire, combattere. Scriviamo nel novembre 1913: *« Le grandi masse chiamate a fondare il nuovo regno, hanno bisogno, non tanto di sapere quanto di credere »*. Credere: perchè chi non crede è un riformato morale, è un mezzuomo, un idoneo ai servizi sedentari; credere, perchè senza una fede non c'è forza che valga. E combattere: perchè *« le idee, finché rimangano nelle biblioteche sono perfettamente innocue »*. E' per questo che, assai prima dell'attentato di Serajevo, Mussolini già si dichiara per la guerra. *« Altro che gridare abbasso la guerra! Chi grida così è il più feroce conservatore! »*. Ma più bella fra tutte è quella profezia che Mussolini ventenne fa in un impeto di sublime misticità, nel suo primo discorso pubblico a Gualtieri Emilia: *« L'epopea della camicia rossa, molti dicono, ha fatto il suo tempo. Ma noi vediamo i minatori degli Stati occidentali, degli Stati Uniti e del Canada, attraverso la loro forza rivoluzionaria, iniziare una nuova epopea: quella della Camicia nera che riveste il torso massiccio di tutti i lavoratori di ogni parte del mondo »*. Così sin dal 1905 un ignoto Maestro di Gualtieri preannunciava al mondo il nostro andare verso il popolo e, insieme, la nostra mistica divisa di sacrificio, e di ardimento. Vestiti di quell'uniforme d'assalto, caddero a migliaia gli apostoli della nostra Fede invitta.

I nostri martiri.

La Chiesa venera sugli altari i credenti che, rinnegando la loro umanità, assursero all'eroicità della perfezione evangelica. Così noi possiamo innalzare alla venerazione delle generazioni future, senza ombra di profanazione, i martiri della mistica fascista: martiri nel senso greco della parola, cioè testimoni. Armarsi, rispondere alla chiamata è di tutti i credenti; ma rispondere volontariamente all'appello della morte è solo degli eroi e dei martiri. Quanti martiri allinea sui suoi altari la mistica fascista, da Maramotti a Pepe, da Lusardi a Mele, da Florio a Foscari, da Padre Giuliani a Ferruccio Squarcia! Mistici della nostra fede sono anche i più puri eroi della grande guerra caduti prima dell'adunata di piazza San Sepolcro ma presaghi della Rivoluzione che il Duce sin da allora aveva affidato alle loro baionette. Mistico è Filippo Corridoni; mistico quello studente non ancora ventenne, Ruggero Timeus, che già nel gennaio del 1915 scriveva: *« Senza gerarchia non c'è Stato e senza Stato non c'è libertà; libertà è un vuoto concetto senza l'ordine. Così tra la Russia, dove impera la tirannia cieca di pochi padroni su molti bruti, e la Francia, dove tutti i bruti comandano e imperversano, il tedesco sente di avere la perfezione, perchè ha l'ordine senza la tirannia. Noi non l'abbiamo, questo ordine tradizionale, noi non l'abbiamo una dottrina filosofale degli italiani, noi non l'abbiamo l'idea dello Stato come la chiamano i popoli germanici. Ebbene, per questo non dobbiamo fare la guerra? No, è appunto per ciò che dobbiamo farla. In ogni giovane italiano sta in potenza uno straccione ma anche un gran capitano, un eroe, un profeta, un conquistatore: è un seme che porta tutte le recondite virtù, tutta la forza inespressa che basta per fare crescere un grande popolo. La guerra lo spargerà, questo seme, su un suolo reso ferace dal sacrificio: solo così l'Italia potrà portare per il mondo la sua volontà di dominio, la sua forza, il suo ordine, l'Idea della sua razza e del suo Stato »*. E nell'aprile del 1915, in pieno fiorire di demagogia democratica sul bolso motivo interventista della *« guerra alla guerra »* e dell' *« ultima guerra »* così quel morituro scriveva profetico: *« La corsa agli armamenti e la corsa all'Impero dureranno anche domani. Chi si ferma sarà sopraffatto, chi sosterà sarà schiacciato. Oggi si deve insegnare agli Italiani che la salvezza sta nell'affermarsi, che le questioni si risolvono con la forza, non con la condiscendenza. Illudersi che, comunque, ci siano delle questioni che la guerra odierna potrà risolvere definitivamente è pazzia »*. E il 27 agosto 1914 con commosso anelito incitava: *« E' suonata l'ora. Oggi al Re giovine sta di decidere non più soltanto le sorti della mia Trieste ma il destino d'Europa. Oggi non solo può ingrandire il Regno, ma fondare l'Impero »*. Cadde con una palla in fronte, sulla via di Trieste, ma del suo mistico ardore già fiammeggiava tutta la giovinezza d'Italia. Mistico Decio Raggi nel testamento famoso: *« O gioventù italiana, invidia la mia sorte fortunata. Nell'amore e per l'amore di tutto ciò che è italiano io muoio beato »*. Mistico quell'altro giovanissimo sottotenente, Mombello, in quel troppo ignorato testamento: *« Io muoio felice. Sappiate che in 19 anni — io non li ho ancora compiuti — io non ho mai pianto. Per me la vita fu una gioia continua, un piacere infinito. L'ultima gioia fu*

58

quella di morire per la Patria. Voi cantate, gioite e date fiori e canti alla mia memoria. Dite agli studenti d'Italia che continuino sempre a farsi onore. Ed eccovi al mio testamento: A me la laurea ad honorem. A Claudio il mio berretto goliardico. Ai miei genitori, alle mie sorelle la preghiera di non piangere per la mia sorte. Meglio di così non avrei potuto morire. All'Italia il mio ultimo pensiero. A mia madre il mio ultimo bacio ». Mistici i Legionari di Fiume, da Locatelli a Keller; mistici tutti i Caduti della Rivoluzione, in testa Amos Maramotti che partendo verso la morte manda alla madre lontana l'incitamento famoso; mistici tutti i nostri apostoli, da Arnaldo a Bonservizi, da Bianchi a Gioda, mistici tutti i Caduti d'Africa, in testa quella pensosa camicia nera scelta della Compagnia Universitaria della Divisione 3 Gennaio, Havis De Giorgio, che alla vigilia della morte commentava nel suo taccuino con impetuosa volontà di sacrificio quell'incitamento di Zarathustra: *« Non vi esorto al lavoro, bensì alla lotta; non vi esorto alla pace, bensì alla vittoria. Sia il vostro lavoro una lotta e sia la vostra pace una vittoria ».* Mistici tutti i suoi camerati della Compagnia Universitaria della 3 Gennaio, che nel giugno dell'anno XIII, lasciando l'Università di Torino per il campo africano, stampavano quello strafottente commiato: *« Ci giudicano pazzi, gli incorreggibili borghesi. Vero è che pacifismo, quieitsmo, egoismo, carrierismo, arrivismo, cumulismo e via dicendo, tutte queste belle virtù in ismo sollevano spesso un tale fetore che le nostre delicatissime narici non sanno più reggervi ed i nostri polmoni reclamano urgentemente un radicale cambiamento d'aria. E il medico ci ha consigliato l'aria di Etiopia ».* Mistico è Stelio Teselli, che alla vigilia dell'offensiva delle Frecce Nere sul Segre scrive al padre lontano: *« Sento che sparirò in quest'ora di epopea e di sangue. Ero nato per la guerra e per la mia guerra morirò. Sono sereno e calmo perchè sento che rivivrò nel mondo degli eroi e delle leggende. Arrivederci nell'eternità. Io non tremo ma agito sull'orlo apocalittico del baratro la fiaccola della vita eterna. Viva l'Italia ».* Mistico, infine, è quell'altro grande Caduto di Spagna, Vittorino Ceccherelli, che alla vigilia dell'ultimo combattimento aereo scriveva ai suoi: *« Libertà, eguaglianza predicano i falsi e bugiardi demagoghi rossi. Io che mi innalzo nel cielo, vicino alle stelle, penso ed osservo che anch'esse non sono uguali; una è più grande, una è più lucente, una è più lontana dell'altra. E nessuna di esse è libera di andare dove voglia, perchè una legge eterna, ferrea e immutabile, ne prescrive il corso e la posizione nel firmamento. Anche in cielo dunque c'è disuguaglianza, ma nello stesso tempo disciplina ed armonia: e così deve essere e sarà anche sulla terra ».*

Fede ed azione.

Utili sono gli esempi, perchè con la loro eroica concretezza ci impediranno di smarrirci nell'indefinito e nell'astruso delle formule filosofiche. Questi esempi ci dicono che la mistica fascista è fede ed azione, dedizione assoluta ma nello stesso tempo consapevole. L'offerta non è soltanto istintiva; la illumina sempre una ragionata volontà. I nitidi, ferrei intendimenti di questi morituri che la morte affrontarono con slancio mistico, ma insieme con deliberato e ponderato proposito di sacrificio per il bene comune, ci dimostrano che non è vero che la fede debba essere cieca, che il cuore debba comandare al cervello e che, se si lasciasse fare alla ragione, questa ucciderebbe la fede inaridendo gli slanci dell'entusiasmo. La vita è realtà, non elucubrazione; essa si spiega con la vita, cioè con leggi che stanno dentro la vita, mentre la pura filosofia, dovendo spiegarsi con proprie leggi, finisce per allontanarsi troppo dalla vita e può quindi diventare incomprensibile o quasi. La nostra fede deve essere ragionata. Non ci si renderà mai conto abbastanza dei motivi ideali che alimentano la nostra mistica. Il luogo comune della « fede pura che sboccia cristallina dal cuore » è un mito deprecabile, oltre che una frase fatta. Quante sorprese si possono avere da certa gente di « pura e cristiana fede » che viceversa non ha mai fatto il minimo sforzo per fare della propria fede il substrato fondamentale e indispensabile di tutta la propria vita, che non ha adeguato i propri convincimenti a ragioni ponderate. Anche la fede assoluta nel Duce, l'amore per il Duce non è autentico, non è completo, non è integralmente sincero se non sia corroborato da una solida e profonda adesione al Suo pensiero. Il dogma che il Duce ha sempre ragione diviene parte integrante del nostro spirito quando si è visto, compreso, toccato con mano che Egli conosce sempre la strada buona, che Egli non sbaglia mai. Allora l'amore per Lui, essenza della nostra fede, diventa cieco e assoluto, perché non saremo soltanto dei dogmatici, ma dei convinti, e in Lui sentiremo la volontà della Razza, della Storia, del Destino: in Lui adoreremo, insomma, l'Uomo della Provvidenza e l'Unico che è tutti noi. Soltanto così saremo in grado di darci alla Causa totalmente, come il ceppo alla fiamma, senza pensare a ricompense, senza sperare riconoscimenti, senza fantasticare promozioni. Guai a chi si lascerà pungere dall'aspide dell'utile proprio! Chi militi nelle nostre file e vi lavori anche molto — per la speranza d'un premio avvenire, non è degno della camicia nera. Torcete il collo a chi vi parla di sistemazioni! E se un giorno vi assalga l'amarezza d'un raffronto, la torbida sensazione di essere sorpassati e irrisi da chi se ne frega degli ideali e corre avanti svelto svelto senza soffermarsi sulle tombe dei Martiri, guardando solo alla terra ove arraffa quello che può, allora, camerati, andiamo a inginocchiarci sul tumulo d'un Caduto, di uno squadrista adolescente che sotterra si è sposato con la morte. Riacquisteremo tutto il fervore della fede, tutta la certezza della vittoria, tutta la nostra splendida fierezza di gregari che se ne infischiamo delle cariche e dei galloni. La Società cammina spinta dalle leggi indistruttibili dello spirito. E' per la luce di un'idea che la giovinezza affronta la lotta e l'estremo sacrificio. Gli stipendi, i galloni e i cadreghini non persuaderanno mai nessuno a morire; invece il fulgore d'una luce spirituale guida facilmente milioni di uomini alla morte. Chi alla passione ideale preferisce la lotta per lo sporco utile proprio deve essere cacciato d'urgenza dalle nostre file. Occorre spogliarci di ogni egoismo, di ogni debolezza, di ogni grettezza. Occorre dare tutte le proprie energie alla Causa, trionfando degli istinti individualistici, imponendoci la volontà di essere più generoso ed eroico di ogni altro; occorre credere nella vita come in un dovere, non come in una lotta a coltello per sopraffare il camerata. Il nostro compagno di battaglia bisogna amarlo, non sopraffarlo, sorreggerlo, non accoltellarlo. Amarsi bisogna: comprendersi, stimarsi, aiutarsi. E ricordarsi che, se tutti hanno diritto alla nostra bontà, ben maggiore diritto ne hanno i nostri camerati. Purtroppo noi, che abbiamo saputo perdonare ed onorare i nemici non abbiamo saputo imparare ad amarci tra noi che pure, nelle ore più oscure e più sole ci ritrovammo sempre a stretto contatto di gomito e serenamente condividemmo le poche speranze e le molte amarezze. Anche in questo campo molto resta da fare alla mistica fascista. Sulle porte delle caserme giapponesi sta scritto: « *Amerai il tuo camerata, non solo perchè egli vive accanto a te, ma perchè domani egli potrà morire con te* ». Ecco un comandamento che noi fascisti dovremmo fare nostro. Il mistico del fascismo non giudica gli uomini dall'apparenza, dalle commende e dai titoli accademici, ma dalla sostanza: per lui l'uomo in tanto vale in quanto dà. Chi non ha dato nulla non vale nulla. Noi non vogliamo godere la vita: Soltanto vogliamo adoperarla, scagliata verso un obiettivo ben più alto di qualsiasi utile personale: un obiettivo che ci è stato assegnato dal Duce e si chiama: grandezza della nostra razza nel mondo. Questa nostra visione della vita è soprattutto ostica agli apatici, ai sedentari, agli scettici blu, che pur andando adorni del distintivo fascista, ostentano la più strafottente indifferenza verso tutto quanto riguardi la marcia della Rivoluzione. Noi dobbiamo sradicarli, stroncarli, farne strame: sono i peggiori nemici della razza. Non sono pochi, questi figli spuri della generazione littoria. Nulla è degno di sfiorare il loro elegante scetticismo, la loro ironica sufficienza, la loro olimpica superiorità di menti elette speculanti al di sopra della mischia. Siano essi sempre lo spassoso bersaglio del nostro mistico e concreto manganello. Questi sono i nostri nemici peggiori: colpirli, smascherarli è il nostro più imperioso dovere.

La nostra "consegna".

Ha detto Ettore Muti ai volontari degli Atenei adunati a Padova: « *Esiste solo un Fascismo rivoluzionario e cioè un Fascismo che cammina; un Fascismo sedentario non può esistere* ». Osare concepire un Fascismo che non cammini, una Rivoluzione che non combatta sarebbe come immaginare una fiamma che non bruci, una luce che non illumini, un suono che non riecheggi. Ha detto nella stessa adunata il Segretario del Partito: « *La vostra consegna è nel nome stesso dei nostri Fasci di combattimento* ». Combattere. Combattere contro ogni ignavia, ogni viltà, ogni bassezza, ogni sopruso; combattere agli ordini del Duce per il trionfo della Rivoluzione: questa la nostra consegna splendente. La Rivoluzione è sempre in marcia, ad essa deve essere data ogni nostra energia, ogni pensiero del nostro cervello, ogni goccia del nostro sangue. In pace e in guerra l'idea della Rivoluzione deve tutti dominarci, illuminando il nostro cammino, il nostro sforzo e la nostra sofferenza di uomini che accettano di soffrire perchè sanno che dalla loro sofferenza balzeranno domani una Patria più grande ed un mondo migliore. L'intendono questo fondamentale dovere tutti i fascisti? Sono tutti pronti ad anteporre il bene della Rivoluzione al bene della loro carriera? I giovani sono tutti permeati da questo nostro anelito fatto di spregio d'ogni egoistico interesse e volontà di guerra contro ogni camorra? Purtroppo ancora oggi non è sanata la piaga che Mussolini additò nel 1910; ci sono ancora nelle Università camerati giovanissimi d'anni e già vecchi di spirito, quasi adolescenti che sognano come massima gloria l'insegna gerarchica e il saluto romano dell'usciere. Per costoro ogni atteggiamento strettamente, intransigentemente fascista appare quasi scandaloso; secondo loro, chi lo assume dovrebbe portare infilato al nastro del cappello la regolare autorizzazione del superiore gerarca, così come i coscritti di una volta vi portavano il numero di matricola. Ricordo uno di questi timoratissimi fascisti che, trovandosi a passare per via durante una dimostrazione improvvisata dagli studenti dopo i fatti di Traù, incitato dai camerati a seguirli, chiese preoccupato se avessero ottenuto il regolare permesso dalla superiore autorità, e rispondendogli gli altri che no, si allontanò frettoloso ed indignato, gridando pur tra il concerto dei vindici pernacchi: Non mi associo, con la sdegnosa fierezza di un Pier Capponi. Di questi Capponi giovinetti se ne vedono, ahimè, starnazzare un po' troppi tra le nostre file, inguaribilmente ammalati di paura della responsabilità, di orrore dell'esser primo, di quietismo soprattutto. Nemicissimi dell'iniziativa altrui che non constatino regolarmente vidimata dal superiore capo-ufficio, ti fanno sempre, suppergiù, questo ragionamento: « Vuoi essere più realista del Re? Se quel tale è a quel posto è perchè vi è stato chiamato; e poiché il Regime tutto controlla, vi sta col beneplacito del Regime, e opporsi è fare atto di indisciplina verso il Regime. E' un traditore? Ci penserà il Regime. E' un antifascista? Provvederanno le autorità competenti. Insegna dalla cattedra il disprezzo della Rivoluzione? Si vede che le Autorità non ci vedono nulla di male, e se per le Autorità superiori tutto sta bene non capisco perchè dovrei intervenire proprio io, che non sono autorizzato. Come, vuoi intervenire tu? E con quale veste? Si vede che sei un indisciplinato, ecc. ». Gente, insomma, c'è da giurarlo, che se fosse nata dieci anni prima non avrebbe mai osato fare la Marcia su Roma senza avere ottenuto il regolare nulla osta del signor comandante della Regia Guardia. Diciamo subito e ben chiaro che questi giovani troppo docili, troppo ansiosi di un posto, troppo preoccupati del loro avvenire, troppo spaventati da ogni possibilità di grane, obbedienti insomma alla lettera ma non allo spirito della nostra legge, questi giovani in pantofole non potranno mai intendere la mistica della Rivoluzione. Faranno forse carriera, saliranno magari ad alti cadreghini, sapranno issarsi — con il loro magnifico saper fare — almeno cento cubiti più in su dei loro scriteriati camerati senza tatto. Ma noi siamo con questi ultimi: con gli scanzonati, gli audaci, i disinteressati, che sanno oggi smascherare un traditore senza chiedergli prima il permesso, così come senza permesso sapranno domani arruolarsi volontari. Sono ancora i pazzi del Guicciardini, i ragazzi che amano il rischio perchè esso solo dà diritto alla vita, che sentono nel sangue la bellezza di quel monito del Duce: *« Occorre un po' di follia, un grosso grano di raziocinante follia »*. Non guardano ai cadreghini presenti o futuri, non pendono dalle labbra nè dalla aulica scrivania del signor commendatore: guardano agli orizzonti che già si infiammano di nuove splendide aurore, ritengono che il pericolo sia l'asse della vita sublime e che non varrebbe la pena di viverla se non fosse possibile misurarla ogni giorno a buon metro di ardimento. Confessiamolo: ancora oggi è questa una minoranza, contro cui si frange la vasta marea dei quietisti, degli arrivisti, dei pavidi. Potenziare questa minoranza, sostenerla contro gli attacchi degli arrivati e degli arrivandi, trasformarla a poco a poco in maggioranza entusiastica e fattiva: tale lo scopo che deve proporsi la mistica fascista nella dinamica rivoluzionaria.

"Nudi alla meta".

Il mistico del Fascismo ama la virtù del silenzio, ma non lo confonde con la pavida deliberazione di tacere ad ogni costo, anche di fronte alle più palesi disfunzioni. Il mistico del Fascismo sa che il dovere di ogni sentinella è di imporre l'alt, di gridare allarme e infine di far fuoco se taluno violi la consegna affidata alla sua vigilanza. Sommamente ridicolo sarebbe il ragionamento di chi accusasse la sentinella di indisciplina, per aver messo a rumore il quartiere gridando l'allarmi. Così per il mistico è sommamente colpevole il fascista che tace fingendo di non aver notato l'inconveniente, o peggio ancora, interrogato risponde che tutto va bene, e ciò per la vile preoccupazione di evitare seccature. Si comporta così come un meccanico che, pur accorgendosi che un po' di sabbia è penetrata in un delicato ingranaggio, tacesse per paura di esser chiamato a riparare il malanno: che, così, da lieve diverrà irreparabile. Dire che « tutto va bene », in un clima duro come il nostro, è tanto bugiardo come lo sarebbe il dire che tutto va male. L'ottimismo è una bellissima cosa, ma non deve essere un comodo coperchio da porre sopra le magagne. C'è in tutti noi un profondo bisogno di sincerità, un odio istintivo per tutti gli abituali infingimenti della vita quotidiana, bisogno di sincerità che il Duce sintetizzò nella frase famosa: *« non amo coloro che imitando Pangloss trovano che tutto va bene »*. Costoro sono degli affetti da congenita vigliaccheria morale: non potranno mai capire che la Rivoluzione è continua. Infatti, il concetto di Rivoluzione continua è perfettamente all'antitesi con quello del tutto va bene. Per il mistico del Fascismo è, per esempio, inammissibile che nell'anno XVIII dell'Era Fascista vi sia ancora della gente che, pur credendosi fascista al cento per cento, non si vergogna di percepire stipendi, dividendi, cointeressenze, ecc., assai più alti di quelli dei Ministri e dello stesso Capo del Governo, nè si avvedono che i loro enormi emolumenti costituiscono una prova stridente di ingiustizia sociale, un perenne insulto all'uomo che lavora per il pane e il companatico: cioè per l'enorme maggioranza degli italiani. Per il mistico del Fascismo è addirittura nauseante lo spettacolo di dirigenti d'aziende, amministratori, consiglieri delegati e via dicendo, che si pappano alla fine dell'anno colossali emolumenti, affatto sproporzionati, non dico alle loro intelligenze, ma anche a quelle di chiunque non sia un D'Annunzio o un Marconi. Se al mistico del Fascismo fosse dato di legiferare in questa scottante settore, egli emetterebbe senz'altro una leggina di due soli articoli:

ARTICOLO PRIMO. — Nessun stipendio potrà superare le centomila lire annue.

ARTICOLO SECONDO. — Chi trasgredirà all'articolo primo sarà inviato senz'altro al confino.

Sono esempi pratici, terra terra, ma necessari ad impedire a questa esposizione di sfumare tra le nuvole dell'incerto e le nebbie dell'indefinito. Così, tanto per continuare nei nostri esempi, il mistico non solo si sottopone con consapevole slancio e immediata comprensione ai provvedimenti anche meno comodi del Fisco, compresivi quei nuovi bollini: ma sinceramente si augura che per il bene della Nazione e per la giustizia sociale vengano imposti sempre più provvidi gravami. Come sarebbe ad esempio una tassa che giungesse finalmente a colpire i sopraprofitti di guerra: sopraprofitti che dal 1935 ad oggi hanno impinguato tante grossissime tasche e che tuttora, dopo quattro anni di guerre e di astronomici guadagni, vanno immuni da ogni adeguato balzello, a differenza dell'ago della sartina e della pennuccia dello scolaretto. Per il mistico del Fascismo è immorale concedere al ricco delle evasioni fiscali che non sono invece consentite al povero; così come per lui è immorale che un Ente o una Cassa di risparmio versino cinquantamila lire all'anno ad un tale che presenzierà sì e no ad una seduta ogni quattro mesi. Per il mistico del Fascismo è soprattutto immorale il fenomeno tuttora sfacciatamente trionfante dell'accumulismo degli incarichi e degli stipendi, evidentissima violazione di quello che è il massimo dogma della nostra fede: *« Giungere nudi alla meta »*. *« Giungere nudi alla meta »* : tutta la vita, tutta l'opera così profondamente mistiche di Arnaldo possono compendiarsi nel dogma del disinteresse e dell'offerta: lo imponeva a se stesso, lo esigeva anche dai più alti gerarchi del Partito. Quanto saldo, splendente e imperioso misticismo in quella Sua lettera del 1° settembre 1928 al Segretario del Partito: *« Queste spese iperboliche di automobili, di trasporti, di segreteria, di stampati, devono essere ridotte. In un periodo difficile come il nostro, bisogna dare la sensazione del raccoglimento. Non vi è cosa che offenda il popolo italiano come l'ostentazione della ricchezza. Ti ripeto, non è che io creda alla gravità di questo fenomeno. Credo e vedo la gravità delle voci in giro, che non possono venir annullate e smentite che da comunicati di persone superiori, insospettabili, che abbiano compiuto con severità e coscienza fascista il loro compito di indagatori... Questo arrivare sempre in quarta velocità, con un chiasso d'inferno, con aria prepotente da dominatori, secca in modo terribile il prossimo... E' necessario che nella tua qualità di Segretario, tu arrivi tempestivamente a dare la sensazione che il Fascismo non crea prebende e sanatorie a nessuno e che l'obbligo e il dovere sono tanto più grandi quanto più si occupa un posto alto nella gerarchia del Partito »*. E' un documento che non si può leggere senza un palpito di riconoscenza infinita e di ammirazione. Questa è la nostra mistica: sempre, schietta, così cara a noi squadristi, odia-tori eterni dei filosofemi eccelsi e incomprensibili! Su questo campo molto ci resta da compiere: e qui soprattutto la mistica fascista deve imprimere un più veloce ed un più concreto impulso alla dinamica della Rivoluzione. Una delle più belle qualità del mistico è il disinteresse, nel senso più lato della parola. Tutti sappiamo che il Fascismo non promette onori nè ricchezze, ma sacrificio e combattimento: tuttavia confessiamo che ci pare che questa affermazione bellissima e recisa rischi di passare a far parte del bagaglio delle frasi fatte, dell'epigrafia retorica, buona ad adornare le testate dei giornali e le copertine dei quaderni. Troppa gente sfoggia improvvise ricchezze; troppa gente investita di incarichi direttivi stranissimamente interpreta il monito mussoliniano andare verso il popolo facendo ogni sforzo per non rientrare nelle file del popolo di cui faceva parte prima dell'investitura gerarchica e si arrabatta per salire a pingui sistemazioni personali, valendosi proprio di quello scalino gerarchico che gli era stato affidato dalla Rivoluzione per il bene di tutti e non già per lo sporco utile proprio. Naturalmente il Partito interviene col suo coltello sanatore a tagliare il bubbone — ed Ettore Muti ne ha dato recentissimi esempi — ma i mistici del Fascismo si augurano che questi provvedimenti esemplari si facciano sempre più frequenti, poiché non v'è disciplina senza sanzione, non v'è maggiore tonico per la fede delle masse e la saldezza degli eserciti quanto vedere un traditore al muro. Il dogma del « giungere nudi alla meta » è fondamentale per illuminare certe fedi, per vedere bene addentro certe coscienze. Perchè per noi la coscienza non è un paio di brache che si calano quando fa bisogno. Chi si impingua all'ombra dei gagliardetti santificati dal sangue dei martiri, non può essere, non dico un mistico, ma neppure un fascista. Concludendo: perchè la nostra fede imprima un ritmo sempre più celere alla Rivoluzione occorre che il mistico del Fascismo non esiti mai a parlare chiaro, anche ai gerarchi, illuminandoli su ciò che fosse sfuggito alla loro attenzione, additando magagne e suggerendo rimedi. Può darsi che le sue parole non vengano ascoltate, che magari gli attirino talvolta punizioni e rimbrotti. Egli non dovrà dolersene; è questo un normale incerto del nostro mestiere. Per la mistica fascista come per quella cattolica valga quell'aurea massima di Gioberti: « *Acciò l'ingegno extragerarchico possa operare colla Chiesa deve guardarsi dal diventare antigerarchico; come Lutero, Lamennais, e tutti gli eretici. Deve dunque restare nella Chiesa a costo di qualunque scomodo; dee rassegnarsi a soffrir fortemente in vista del bene futuro* ». In uno scherzoso articolo pubblicato su la *Difesa* del 18 luglio 1912, col titolo « *La festa di San Benito nel villaggio socialista* », così Ezio Maria Gray tratteggiò la posizione del ferreo, del puro, dell'intransigente Mussolini tra la baraonda del partito socialista a cui invano Egli tentava di dare un'anima combattiva: « *In mezzo alla rossa geldra degli ambiziosi e degli avidi, il puro e acceso, il santo e inflessibile Benito Mussolini domina la sagra e passa tra i fedeli vocianti e prostrati. Non si accorge che, come nelle sagre d'Abruzzo, la festa del Santo è l'epilogo di annuali rivalità, e che sotto il suo catafalco si bestemmia, e si fa ai pugni per portare sulle spalle il grande crocefisso e il reliquario, con una fatica allegra in cima alla quale vi è il diritto tradizionale ai dieci soldi, il fiasco di vino e il bacio sulla gota della ragazza più bella. La fede, l'ideale, la religione, la vita eterna non passano nemmeno per la mente dei sudati facchini della processione* ». Oggi che la processione paesana d'un tempo si è trasformata nella marcia d'un esercito imperiale è certo diventato assai più raro, difficile e soprattutto pericoloso fare i propri interessi all'ombra immane del Condottiero. Ma ancora oggi intorno a noi rimane qualcosa dell'antico leticarsi dei facchini e dei crociferi, che da portatori di reliquari si sono trasformati in vivandieri, magazzinieri e spaccisti del nostro invitto esercito in marcia. Smascherarli, colpirli ad uno ad uno, inchiodarli alla loro vergogna: questo è uno dei tanti compiti del mistico del Fascismo. Al quale vorrei consigliare per la non facile bisogna questo scarno ma preciso decalogo:

I. — Obbedire al Duce.

II. — Odiare sino all'ultimo respiro i nemici del Duce, cioè della Patria.

III. — Smascherare i traditori della Rivoluzione senza sbigottire per la loro eventuale potenza.

IV. — Non aver paura di aver coraggio.

V. — Non venire mai a compromessi col proprio dovere di fascista, dovessero andarne perduti il grado, lo stipendio, la vita.

VI. — Meglio morire orgogliosamente affamato che vivere pinguemente avvilito.

VII. — Spregiare il cadreghino.

VIII. — Odiare il vile denaro.

IX. — Preferire la guerra alla pace, la morte alla resa.

X. — Non mollare. Mai!

INCONTRI

Ogni rivoluzione è l'opera di un principio accettato come argomento di fede.

« Interessi e principi. »

La Vita è immortale: ma il modo e il tempo delle evoluzioni, attraverso le quali essa progredirà, è in nostre mani. Ciascuno di noi deve purificare, come tempio, la propria anima, d'ogni egoismo, collocarsi di fronte, con un senso religioso dell'importanza decisiva della ricerca, al problema della vita.

« Interessi e principi ».

Prima legge d'ogni rivoluzione è quella di non creare la necessità d'una seconda rivoluzione.

« Lo sviluppo della Libertà in Italia ».

In Rivoluzione l'arrestarsi prima d'aver toccato lo scopo, è colpa gravissima.

« Lo sviluppo della Libertà in Italia ».

Nelle rivoluzioni più che in ogni altra cosa l'armonia è condizione essenziale del moto. Quando esiste disparità, sconnessione, disarmonia tra gli elementi e la tendenza che ad essi s'imprime tra chi dirige e chi segue, non v'è speranza.

« Lo sviluppo della Libertà in Italia ».

Nei grandi rivolgimenti nazionali è concesso, se conseguenza di convincimento, l'essere ostili, non l'essere tiepidi.

« L'iniziativa ».

GIUSEPPE MAZZINI.

PERCHE' SIAMO DEI MISTICI

(Relazione finale e conclusiva di Niccolò Giani)

Camerati, in umiltà e con commozione ci vede oggi riuniti questa casa dalla quale, più di venti anni or sono, MUSSOLINI lanciò al popolo italiano il grido della riscossa nazionale e pose l'imperativo delle più sacre rivendicazioni ideali e storiche della Patria. In umiltà, perchè solo così si parla là dove tuonò la voce di Colui, che non più la sola Italia, ma il mondo intero saluta restauratore della tradizionale civiltà romana e cattolica dell'Europa. Con commozione, perchè solo così il nostro pensiero può abbracciare questo lampeggiante arco di quattro lustri, durante i quali la volontà eroica di una minoranza menefreghisticamente ardita e squadrista e l'abnegazione di un popolo solidale col suo grande Capo, dopo duemila anni, hanno ridato all'Italia il timone della civiltà. Ma questa sede di Piazza San Sepolcro è stata scelta, anche, per ricordare a qualche smemorato e a più di un logico che le rivoluzioni, per durare, devono mantenersi fedeli alle origini. Nè, senza ragione, a questo ammoniva il Segretario fiorentino. Perchè sono proprio le origini quelle che nella storia caratterizzano uomini e popoli. « *Natura delle cose* - ha detto con grande sapienza Vico - *è loro nascimento* ». Ora, all'origine del Fascismo cosa sta? Forse il sistema della rivoluzione geometrica di Danton? No. All'origine sta la fede. Anche noi possiamo dire: prima era il Verbo. Perchè è stato lo slancio della fede quello che ha stretto, in Piazza S. Sepolcro, un pugno d'uomini intorno ad un Capo, quello che ha fatto di un'idea una Rivoluzione, un Regime, un Impero. Chi di voi ha visto il Covo, chi di voi, in quelle stanzette che per povertà e suggestione ricordano la Verna del Santo d'Assisi, ha meditato, ha soprattutto appreso che solo una grande, accesissima fede ha potuto trasformare lo sgabuzzino di via Paolo da Cannobio, dove una fuga di tetti chiudeva ogni orizzonte, nella sala del Mappamondo, aperta sull'Urbe eterna e universale. Credere, quindi. Anzitutto credere. E poi ancora credere. Cioè guardare con simpatia e con ottimismo la vita e gli uomini, credere nel bene e nell'onestà, nella santità e nella virtù, come ha insegnato ARNALDO. Essere sempre entusiasti, giovani, pieno lo spirito di gioia e di sole, lieti di combattere e lieti di morire, per dare a questo mondo che ci circonda la forma dei nostri sogni e dei nostri ideali. « *La fede nella vita* — disse il MAESTRO in un giorno non dimenticato e non dimenticabile — *non deve essere soltanto il sussidio delle grandi ore, ma deve essere sempre presente nelle opere quotidiane, nelle azioni di ogni tempo. La fede è un incentivo a progredire; la fede è come la poesia. Sono le forze che ci spingono verso la vita, sono le speranze che consolano gli spiriti doloranti e danno alle anime le ali verso le altitudini. Sentirsi sempre giovani, pieno lo spirito di queste verità supreme, è come sentirsi in uno stato di grazia* ».

Essere i disperati del Fascismo.

Ivanoe Fossani ha detto «*mistici si nasce*». Sì, è in parte vero, perchè mistica è soprattutto temperamento. E noi, italiani, siamo dei mistici perchè nessun paese ha avuto tanti poeti e tanti santi, tanti artisti e tanti capitani, tanti navigatori e tanti eroi. E siamo mistici perchè siamo degli esuberanti, ma siamo mistici soprattutto perchè siamo degli entusiasti, dei credenti. Ecco perchè il DUCE il 20 novembre 1939 ci ha detto: « *E' la fede che muove le montagne. Questa può essere la vostra parola d'ordine* ». E proprio questa è stata la parola d'ordine della vigilia. Non per niente, sansepolcristi e squadristi, che sono stati i primi mistici del Fascismo, hanno chiesto, nel rosso della fede e del sangue, il segno che tra i fascisti li distinguesse come coloro che, di fronte al Capo e all'Idea, hanno preteso e pretendono il diritto della prima linea, non — occorre dirlo? — di borghesi poltrone, ma di combattimento. E questo diritto alla prima linea, ad essere i disperati del Fascismo, è l'unica pretesa che, oggi, domani, sempre, i mistici del Fascismo accamperanno di fronte alla Rivoluzione, come, con vena veramente squadrista, ha detto Guido Pallotta nella sua relazione che ha avuto lo spirito e la mordenza del « menefreghismo » più autenticamente fascista. Prima linea, sul fronte esterno ed interno, contro il nemico di fuori e di dentro. Contro gli attentatori della nostra integrità territoriale, ma anche, e con uguale decisione e durezza, contro gli attentatori della nostra integrità spirituale. Contro tutti gli internazionalisti e contro i portatori di tutte le esterofilie: da quella della moda a quella del pensiero, da quella della politica a quella dell'economia. Intransigenti quindi, perchè chi fermamente crede non ha altra alternativa. Intransigenti perchè questo è il dovere dell'ora. Intransigenti perchè solo l'intransigenza ci può mantenere, anche nel campo del pensiero, così come ci tiene nel campo della politica, al di là di quella crisi di cui il 12 gennaio 1932 MUSSOLINI scriveva sul « *Popolo d'Italia* » *« le orecchie abituate a percepire non soltanto i rombi delle tempeste, ma anche i rumori sordi delle linee sotterranee, sentono che qualcosa scricchiola; che molti vincoli si sono allentati; che taluni postulati tradizionali e basilari — come il rispetto della vita, della casa, della proprietà altrui — franano; che la sfiducia nel domani conduce a teorizzare il carpe diem, e la disperazione sbocca, da una parte, nella avarizia e dall'altra nella dissipazione. Se a questi, aggiungete altri sintomi che ricordano, con una analogia più che singolare, quanto accadde nelle epoche di decadenza di altre civiltà; sintomi che vanno, ad esempio, dalla efferatezza e dalla frequenza di certi delitti alla stupidità di certe gare, voi intuirete che non solo un determinato aspetto della nostra civiltà è in gioco, ma che tutta la civiltà della razza bianca può disintegrarsi, indebolirsi, oscurarsi nel disordine senza scopo, nella miseria senza domani »*. Sette mesi dopo, prendendo lo spunto dal movimento di fronda che nel congresso dell'agosto s'era rivelato in seno al partito socialista francese, il DUCE ribadiva *« siamo entrati in pieno in un periodo che può chiamarsi di trapasso da un tipo di civiltà a un altro... l'appello alle forze giovani risuona ovunque »*.

L'origine e la natura della crisi: il razionalismo.

Oggi, a pochi anni di distanza, anche i più tenaci « *laudatores temporis acti* » non negano l'esistenza della crisi. Anzi. E tutti, perfino i sordi di professione, ammettono che si tratta non già di una crisi « *nel* » sistema, ma « *del* » sistema. Ma se tutti sono d'accordo nel rilevare i sintomi di questa crisi, cominciano i dispareri quando si tratta di definirne la natura. Sì, crisi generale, crisi di civiltà, sta bene, ma di quale civiltà? Quale è il mondo destinato a scomparire? Fra le concezioni e i sistemi in lotta quali vinceranno? Ecco il grande interrogativo dell'ora, il dubbio che attanaglia il cuore e l'intelligenza del mondo contemporaneo. Che la lotta sia mortale, tutti lo intuiscono, ma l'incertezza comincia quando si tratta di prendere posizione, di assumere nel conflitto — e mi riferisco, è evidente, a quello ideale — il proprio ruolo. Responsabilità tanto maggiore in quanto si tratta, per i vari personaggi di questo tragico dramma, che da oltre 20 anni sta redimendo l'Europa e il mondo, di scegliere tra la vita e la morte, tra

72

l'esistere e lo scomparire, tra il vincere e il perdere: per generazioni, forse per secoli. A questo dubbio, la nostra fede di fascisti urge alle nostre labbra una risposta — e non può essere che una — ma noi abbiamo preferito tacerla, per indagare nella storia di questi ultimi secoli e cercare di avere da essa la risposta che attendiamo. Ora la storia ci insegna che una parte — non certo la migliore — della civiltà cosiddetta moderna ha una comune data d'origine. Dietro, sullo sfondo dei movimenti di pensiero e delle rivoluzioni, che sono sfociati o si sono dipartiti dall'89, stanno un uomo e un metodo: *Cartesio ed il Razionalismo*. Nè allo stadio attuale degli studi si fa professione di originalità quando si sostiene che dal francese Renato Des Cartes, dal celebre estensore del « *Discorso sul metodo* » derivano, non importa anche se mediatamente, quegli orientamenti e quelle ideologie ai quali noi facciamo risalire la responsabilità della crisi attuale.

« Fino alla fine del XVIII secolo — scriveva nel 1933 un inglese, Charles Petrie — *lo spirito classico, cioè a dire latino, prevalse in ogni paese civile d'Europa e del Nuovo Mondo. Le basi fondamentali della società europea, sino allora, non furono mai minacciate ed erano la eredità diretta dell'Impero Romano. Ma colla rivoluzione francese una delle più grandi e delle più inutili calamità si abbatté sul genere umano, e fu dato un colpo demolitore alla civiltà dell'Europa, minandone le basi morali; col risultato che le eresie storiche sono diventate l'ortodossia dell'età presente. Per un centinaio di anni le falsità che stavano alla sua base furono mascherate dal progresso materiale, ma il caos attuale è la diretta conseguenza di essa e il presente stato morale dell'Europa è di gran lunga più dannoso di quello politico ed economico ».*

La rivincita di Vico in nome della vita e della storia.

E' del 1926 la categorica affermazione mussoliniana *« noi rappresentiamo un principio nuovo nel mondo, noi rappresentiamo l'antitesi, più netta, categorica, definitiva di tutto il mondo della democrazia, della plutocrazia, della massoneria, di tutto il mondo, per dire in una parola, degli immortali principi dell'89 ».* Ora ciò può essere vero ad una sola condizione: che cioè questo mondo, di cui noi fascisti rappresentiamo l'antitesi — sia che si chiami liberalismo o comunismo, democrazia o capitalismo, socialismo o materialismo — abbia un comune denominatore, una stessa origine: il **razionalismo**. Ciò che la storia di questi tre ultimi secoli dimostra e che non pochi relatori hanno messo in chiara evidenza.

Del resto non è altamente significativo che sia stato proprio un italiano a reagire per primo contro il razionalismo cartesiano? Ed è altrettanto sintomatico che questo italiano venisse dalla storia e dallo studio del diritto romano. Ed in nome della vita e della storia, il napoletano Giambattista Vico confutò il « *Discorso sul metodo* » e nella « *Scienza nuova* » elevò contro il sistema cartesiano il primo monumentale argine di una filosofia della storia. Non importa che Vico sia stato quasi ignorato, per generazioni o per secoli. Quello che conta è che il suo messaggio veramente umano non morì, e che ora, anche se dopo una lunga parentesi di oblio, sia risorto. Oggi è Vico che sta prendendo la sua rivincita storica su Cartesio. Ma se la roccaforte del razionalismo è ormai ridotta a un povero scoglio sdentato e slabbrato, che i marosi dell'idealismo e dell'intuizionismo, del pragmatismo e dell'umanismo, dello storicismo e di molti altri *ismi*, hanno investito da ogni parte e che la grande guerra ha definitivamente sommerso, non è men vero che oggi le filosofie, anche quelle che rinnegano o combattono il razionalismo, sono ancora tributarie della filosofia cartesiana ed è così che si spiega il caos che tuttora sconvolge il mondo dello spirito. Perchè se i figli, più o meno spuri, hanno ucciso il padre, non per questo è stata eliminata la fonte del male e del disordine morale. Ancor oggi infatti, sul mare esagitato dalle forze in contrasto e dalle dottrine in lizza, l'uomo moderno non è che un fuscello in balia dei flutti. Non un solo approdo balena al suo spirito. L'orizzonte sconvolto non gli apre dinnanzi alcun porto dove poter ancorare la propria nave. E dalle inconsistenti meteore dell'idealismo assoluto al gioco delle illusioni del pragmatismo, attraverso una gamma di infiniti *ismi*, la sua coscienza si è perduta. Così il mondo dello spirito è diventato: o disperata nostalgia di un punto fermo cui fissarsi, o avida ricerca di sensazioni nelle quali annegare la disperazione. Siamo in pieno feticismo dei miti o all'anarchia comunistoide del *carpe diem*. Carlo Antonio Rohan, nel 1933, al Convegno di Roma sull'Europa, incisivamente sintetizzava così l'attuale situazione: « *noi viviamo praticamente ciò che la visione nichilista di Nietsche aveva anticipato e che il materialismo marxista aspira a realizzare: la dedizione dell'uomo alla terra, l'eliminazione di ciò che si chiama l'uomo interiore, la concentrazione di tutte le sue forze nel processo economico, la limitazione della vita a due soli fatti cardinali:* **produzione** *e* **consumo**. *Su tutto ciò si libra nondimeno una inesprimibile nostalgia dell'uomo verso il paradiso perduto in fondo alla ragione e al meccanicismo; e questa nostalgia lo spinge sempre di nuovo al romanticismo di ogni genere, perchè il romanticismo* *gli finge la possibilità di una fuga dal deserto di fuori e dalla confusione di dentro* ». Se poi qualche San Tommaso volesse delle prove, basta che apra gli occhi e si guardi intorno. Letteratura e arte stanno lì a dargli la testimonianza più palpitante di questa crisi. Quanti romanzi, cosiddetti moderni, quanta prosa a sfondo internazionalistico, quanti versi che nessun sangue e nessuna bandiera avvivano, non gridano alto la tragedia che incombe sul mondo contemporaneo? « ***Si è determinata*** — ammoniva ARNALDO nell'Anno X — *nella febbre del tempo una confusione fra modernità e novità. Qualcuno vuol essere originale ad ogni costo. E' apparsa con troppa fortuna una letteratura caratteristica dell'epoca di transizione, inadatta al nostro tempo. I romanzieri che avevano come tessuto la gente saggia, nella quale si innestava sempre un avventuriero o un asceta nel senso nobile della parola, hanno scelto come soggetto, in questi ultimi tempi, gli squilibri morali, i dissolvimenti interiori, la mancanza di volontà, o gli aspetti più futili della vita mondana internazionale. Tristi correnti straniere, dedicate alla svalutazione della guerra ed alla degenerazione della stessa dignità dell'uomo, hanno trovato eco fra noi nel romanzo e nel teatro con la complicità di una vecchia critica, che è fuori della storia e della vita. Bisogna reagire contro tutta questa devastazione barbarica* ». E in quanti mai congressi non si è parlato di questa crisi? Basterebbe ricordarne uno, non dimenticabile: quello tenutosi a Roma, nel 1933, sotto gli auspici dell'Accademia d'Italia. A prescindere, poi, dalle opere che, in sede filosofica e politica trattano, *ex professo*, della crisi, si può dire che non c'è casa editrice che ad essa non abbia dedicato volumi e volumi. Sono centinaia o migliaia, forse, addirittura, decine di migliaia i libri che nelle varie lingue del mondo l'hanno esaminata. In tutti i suoi aspetti: da quello spirituale a quello politico, da quello sociale a quello artistico, da quello economico a quello demografico.   Dei nomi? A parte gli italiani, ne potremmo fare a centinaia. Dallo stesso F. D. Roosevelt de « *La nostra strada* » al Shaw del « *Carretto delle mele* » (o altrimenti tradotto « *Imperatore d'America* »). Dall'anti-giudeo Henry Ford al Hilaire Belloc de « *L'anima cattolica dell'Europa* ». Dal Georges Roux di « *Révolution* » al E. Gúnther Gründel de « *La missione delle giovani generazioni* ». Dallo Spengler di « *Anni decisivi* » al Henry A. Wallace di « *Cosa vuole l'America* » o di « *Nuovi orizzonti* ». Dal Maurice Muret di « *Le Crépuscule des Nations Blanches* » al Georges Valois di « *Fascisme* », ecc.

L'errore " atlantico" dell' unilateralità.

Nelle voci, alle volte disperate e alle volte ciniche, che da ovest ad est, da nord a sud, s'elevano e si incrociano in tutto il mondo, c'è un solo elemento comune. La coscienza di essere giunti ad un punto cruciale, di vivere in un momento definitivo. Siamo su una soglia. Indietro è assurdo tornare, ed è inutile anche soltanto il pensarlo. Non resta che proseguire. Ma quale strada scegliere? Per rispondere, bisogna sapere perché la via sino ad oggi battuta è sbagliata e ci ha portato all'attuale situazione. La risposta non è tanto difficile. Da tre secoli a questa parte, l'umanità ha voluto vivere su un piede solo. In contrasto con l'insegnamento dei padri, che avevano riposto l'unità dell'essere nell'armonico comporsi della materia e dello spirito, da Cartesio sino agli albori del nostro secolo, con albagia e luciferiana presunzione, l'uomo pensò di raggiungere l'unità negando uno dei due termini. Così l'uomo diventò: o soltanto intelletto e ragione o esclusivamente materia. Cartesio, col suo *cogito ergo sum*, angelicò l'uomo facendogli perder l'equilibrio, onde per più di due secoli l'umanità camminò zoppa. Hegel, dopo Kant, tentò di ristabilire l'unità identificando pensiero e reale. Ma la soluzione, alla prova della storia, non si mostrò più costruttiva del sistema cartesiano. E altrettanto infelice si appalesò la soluzione materialistica di Marx che identificò lo spirito nella materia. Il nodo della crisi pertanto ha un nome solo: unilateralità. Il «*Novum Organum*» di Bacone, così come il «*Discorso sul metodo*» di Cartesio, le opere di Hegel e di Marx non rispecchiano forse questa unilaterale visione della vita e del mondo, non sono forse l'espressione tipica di una mentalità atlantica, incapace di una concezione circolare e totalitaria e quindi sintetica? A questo punto bisogna proprio sottolineare che questo trisecolare periodo di esperienze filosofiche ha visto l'affermazione o il trionfo di esponenti di civiltà atlantiche, cioè analitiche. Non uno solo tra i grandi italiani infatti figura portatore di questi ideali. Come abbiamo già ricordato, è invece proprio da noi che si delinearono le prime reazioni e proprio in Italia doveva sorgere, col Fascismo, l'antitesi storica di queste concezioni analitiche. Appunto perchè noi italiani siamo dei mediterranei, dei sintetici. Pertanto se, oggi, nel mondo ci sono dei popoli ancora in piena crisi e ci sono altri alla vigilia di esserlo, solo noi siamo al di là della crisi, nella fase costruttiva. Solo noi abbiamo già superato il punto cruciale, quello che, anche, si può chiamare il punto morto della rivoluzione.

Il dovere storico del Fascismo.

E appunto perchè noi non siamo nè nella fase precedente alla crisi, nè nella crisi, ma ci troviamo già al di là di essa, abbiamo una funzione universale, un compito di guida. Il dovere, più che il diritto, di condurre fuori della soglia, sulla via della nuova unità, l'uomo contemporaneo. Ma qual'é, esattamente, questa nuova unità? In funzione delle caratteristiche della nostra razza, noi rispondiamo. Nessuno arricci il naso. Poiché la razza, come dato bio-psicologico, costituisce la personalità dei popoli. Come comunemente si ammette la diversa personalità degli individui, così dobbiamo egualmente riconoscere che i popoli sono diversi tra loro: per attitudini, per tendenze, per temperamento, per caratteristiche, sia somatiche che psicologiche, così come lo stesso grande vescovo di Ippona riconosceva quando nel « *De Civitate Dei* » scriveva che la città celeste non solo « *non cura ciò che è diverso nei costumi, nelle leggi, e negli statuti, nei quali si acquista o si conserva la pace terrena, non solo non guasta nè nulla distrugge, ma piuttosto mantiene e seconda* ». Ed è in funzione di questa diversità, cioè di questa specifica personalità collettiva, che Mazzini chiamerebbe vocazione nazionale e Mancini definirebbe coscienza della missione propria a ciascuna Nazione, che i popoli hanno un compito e un destino nella storia del mondo. C'è, del resto, una analogia perfetta tra la concezione che noi fascisti abbiamo della società nazionale e quella della società internazionale. In quella, coll'ordinamento sindacale, non abbiamo forse inteso individuare e personalizzare al massimo le categorie produttrici, che nel loro insieme costituiscono l'elemento umano dello Stato? E come, nell'ambito della società nazionale, coll'ordine corporativo abbiamo dato ad esse una gerarchia, stabilendo un preciso rapporto di doveri e di diritti, creando cioè una piena e funzionante armonia sociale, altrettanto intendiamo fare nella società internazionale, quando diciamo che bisogna sempre più e sempre meglio individuare le *razze-nazioni*, organizzarle a stato, per ordinarle poi, sotto la dirigenza della *razza-nazione-stato superiore*, ad **impero**. Il problema del secolo, pertanto, contrariamente al luogo comune del razionalismo e delle democrazie, è quello di caratterizzare sempre più sia gli uomini che le razze-stato. Noi non livelliamo quindi, ma accentuiamo le doti di ciascuno. Non mortifichiamo, perciò, ma vogliamo far risaltare la personalità, vuoi quella singola degli individui, che quella collettiva delle razze-stato. Questo perchè il nostro ideale è l'*armonia* e non la cacofonia. La nostra ambizione è un mondo nel quale ciascuno abbia una sua specifica e precisa funzione, sia nell'ambito nazionale che in quello internazionale. Qualcuno ha temuto — anche fra noi — che si stesse per attentare alla personalità umana. Ma quale discendente di Ram avrebbe potuto anche solo lontanamente pensarlo? E chi, purché sia in buona fede, potrebbe imputare al Fascismo, potrebbe dire che la Mistica, quale concezione tipicamente volontaristica della vita, mortifichi la personalità? **Tutto torna agli uomini** — ha detto MUSSOLINI — e noi siamo per l'uomo migliore, per l'uomo più morale, più onesto, più intelligente. Per l'uomo che costruisce, per l'uomo che lasci un'impronta di sè nelle cose e nel mondo. Noi siamo decisamente, ferocemente per la personalità, ma non — si intende — per il personalismo. E, del resto, l'educazione, la formazione professionale, la *Carta del lavoro* e quella della Scuola non mirano proprio a questo? Se c'è, invece, una corrente di pensiero che la personalità umana ha mortificato non è proprio il razionalismo? A che cosa se non ad un ingranaggio ha ridotto l'uomo chi ha distinto la *res cogitans* e la *res extensa*?

25 secoli di tradizione unitaria.

Ora, in un mondo così concepito, a noi italici spetta il compito proprio della nostra razza mediterranea, cioè quello della sintesi. Ma per cogliere esattamente il significato e il valore di questa sintesi non abbiamo che una sola via: la ricerca storica. Soltanto risalendo nei secoli, infatti, noi possiamo veramente individuare le caratteristiche tipiche nostre, possiamo stabilire l'esistenza di una tradizione, cioè di alcune « costanti » proprie del nostro popolo. Ecco perchè, caro amico Villelli, questo convegno, che intende dare ragione dell'esistenza di una mistica fascista, s'è iniziato con due temi dedicati alla tradizione. Riconoscere la tradizione vuol dire, infatti, individuare le nostre esigenze più riposte, i nostri ideali più sentiti. Ora, oltre 25 secoli di storia a quali conclusioni portano? Quale tradizione esprimono? Quando la Scuola (di Mistica Fascista, ndc.) ha annunciato il convegno, più d'uno, anzi parecchi hanno fatto le smorfie a sentir parlare di una tradizione italica, cioè di una tradizione tipicamente nostra. Quante critiche sommesse e quanti dubbi su certi accostamenti del nostro programma. Come, dicevano i soliti sofisti, si può mettere su una stessa linea storica il pensiero di Catone e quello di Cicerone? Come, aggiungevano, di rincalzo, coloro che vegetano sui luoghi comuni appresi dai filosofi d'oltre frontiera, qualificare anti-razionalistico e anti-intellettualistico il pensiero di S. Tommaso? Eppure anche costoro, in queste due giornate di lavori, hanno potuto toccare con mano che la Scuola ha colpito nel segno. Di più. I consensi hanno superato ogni più rosea previsione e anche se opposizioni vi sono state, anche se c'è stato contrasto, la verità s'è affermata. Studiosi e pensatori, filosofi e storici, uomini di scienza e d'azione si sono trovati pienamente d'accordo su un punto fondamentale: l'esistenza, indiscutibilmente provata dalle relazioni monografiche e magnificamente sintetizzata da Nazareno Padellaro, di una tradizione unitaria del nostro pensiero. Non, quindi — come interessatamente ci hanno insegnato gli stranieri — soluzione di continuità tra il più tipico pensiero della Roma repubblicana e imperiale e quello della vera Roma cattolica, ma logico processo di sviluppo, secondo la tesi dantesca — che lo studio diretto delle fonti dimostra fondatissima — della divina Provvidenza. Egualmente sfatata rimane anche l'altra leggenda di un Rinascimento in funzione antimedievalista e individualistica. No. Anche qui un attento esame dei pensatori e degli scrittori più rappresentativi di questi due periodi della nostra storia dimostra che i valori della tradizione resistono ad ogni tentativo di forzamento proveniente dal di fuori e prova — anzi — che, dalla Controriforma a Vico a Cuoco a Rosmini, tutta la nostra storia è punteggiata di recise ed intransigenti riaffermazioni delle più tipiche « costanti » del nostro pensiero.

Oltre 30 relazioni e 15 comunicazioni sul primo tema.

Altamente preziosi, a questo proposito, sono i contributi dati da parecchie relazioni monografiche del primo tema su « *Tradizione anti-razionalistica e antintellettualistica del pensiero degli italici* ». Da quelle veramente puntuali, di Emilio Bodrero (« Carattere tradizionale della mistica romana e italiana e lineamenti di una mistica fascista »), di Armando Carlini (« Misticismo fascista ») e di Umberto A. Padovani (« Perchè il Fascismo è una mistica ») a quelle, arditamente innovatrici, di Giuseppe Maggiore (« Razionalismo, volontarismo, misticismo, romanticismo nella politica »), di

Stefano Raguso (« Intorno ai rapporti tra una nuova forma di Stato e la filosofia contemporanea ») e di Giorgio Umani (« Sull'urgenza di rivedere le posizioni materialistiche da cui muovono le scienze positive e specialmente la biologia »). Interessantissimi, anche se non completamente concordanti, sono pure gli studi presentati da Julius Evola (« Sul concetto di mistica fascista e suoi rapporti con la dottrina della razza »), di Luigi Stefanini (« Varietà di atteggiamenti mistici in rapporto alla forma specifica degli italici »), di Marco Aurelio Bocchiola (« Antirazionalismo e irrazionalismo »), di Michele Federico Sciacca (« Anti-intellettualismo e antirazionalismo della filosofia italiana »), di Giovanni Poltronieri (« Deduzioni e caratteri di una mistica umana »), di Ugoberto Grimaldi Alfassio di Bellino (« Le tradizioni, i fondamenti e il valore del nostro anti-intellettualismo ») e di Roberto Pavese (« Caratteri del pensiero italico »). Meritevoli di attenzione anche gli esami di Fausto Brunelli (« Perchè siamo dei mistici »), di Enrico Gustarelli (« Il senso della storia »), di Paolo Bonatelli (« Pensiero, volontà e mistica »), di Saverio Perticone di Arturo Donaggio (« Tradizione antirazionalistica e anti-intellettualistica del pensiero degli italici »), di Flaminio Costa (« La Mistica in Gabriele D'Annunzio »), di Carlo Gamba (« Mistica, razionalismo, illuminismo »), di Michelangelo Muraro (« Arte intellettualistica »), di Tom Giacalone Monaco (« Gustavo Le Bon e la Mistica ») e di Vincenzo Sinagra (« Alfredo Rocco »). Non pochi relatori poi hanno riesaminato con occhio scevro da ogni pregiudizio molti nostri pensatori, dandoci dei panorami o delle analisi che pienamente confermano la tesi dell'esistenza di una vera e propria tradizione antirazionalistica ed anti-intellettualistica. Così Carolina Lanzani ha presentato uno studio interessantissimo su « Polibio » ed Emanuale Ciaceri, in una efficace sintesi, ha illustrato il pensiero romano « da Catone a Cicerone e da Livio a Tacito ». Pure ottime, in questo campo, le relazioni di Carlo Avenati (« Cesare Balbo, mistico e costruttore del Risorgimento »), di Gennaro Villelli (« Un mistico dello Stato: Machiavelli »), di Ada Ciribini Spruzzola (« L'antirazionalismo di Giambattista Vico attraverso l'elaborazione del metodo critico-storico nel pensiero animatore del « De nostri temporis studiorum ratione » e della « Scienza nuova »). Meditati e precisi gli studi su « Catone il censore » di Tiziano Battaglia, su « Marco Aurelio » di Sergio D'Alba, su « L'indiamento della vita in S. Bonaventura » di Francesco A. Ferrari. Bene poi hanno scritto su Vico, Giuseppe Flores d'Arcais (« L'antirazionalismo di Giambattista Vico »),

Galdo Galderisi (« Giambattista Vico »), Alcide Spaggiari (« Giambattista Vico ») e Giuseppe Bartolo (« Della solitudine del Vico e della nazionalità del pensiero italiano »). Opportuna pure la relazione di Giovanni Roberti su « La scuola storico-giuridico napoletana ». Meritevole anche di segnalazione è la relazione di Aldo Segagni su « Il carattere storico della dottrina corporativa fascista e il pensiero economico di Botero ». Su Mazzini hanno scritto molto opportunamente Giovanni Tuni (« La mistica nel pensiero di Giuseppe Mazzini »), Alessandro Groppali (« Il concetto di rivoluzione nelle opere di Giuseppe Mazzini »), Giovanni Poltronieri (« La mistica mazziniana dell'unità e della missione e il suo inveramento nella mistica fascista ») e Pantaleo Caraballese (« Originalità italiana e valore umano ed attuale della mistica mazziniana »). Su « La mente ed il cuore di Carlo Pisacane » ha scritto Cesare Bolognesi e Antonio del Castello ha trattato « Il rosminiano Agostino Tagliaferri ». Mario Bertozzi ha presentato una relazione su Enrico Corradini. Su S. Agostino hanno svolto comunicazioni Augusto Guzzo (« S. Agostino ») e Giuseppe Forchielli (« Il pensiero e la pratica di S. Agostino intorno alla vita comune del clero »). Altre interessanti comunicazioni sono quelle presentate da Cesare Bolognesi (« Machiavelli nel pensiero e nella critica di Alfredo Oriani »), da Pietro Prini (« L'antirazionalismo di Antonio Rosmini ») e da Giuseppe Gilotta (« Foscolo e la tradizione culturale italiana antintellettualistica »). Su « Arnaldo Mussolini poeta della famiglia » ha scritto Franco Rocco Fabiani e c'è proprio da dolersi che altri relatori non abbiano fermato la loro attenzione su Colui che noi della Scuola di Mistica chiamiamo, ormai per antonomasia, il MAESTRO e che non solo nella nostra Rivoluzione rappresenta un nome ed un capitolo di grandissimo rilievo, ma che domani la storia del pensiero moderno certamente considererà con maggior attenzione di quello che non fanno certi italiani e certi stranieri i quali, purtroppo, sono ancora abituati a giudicare gli uomini non già dal contributo che hanno dato alla soluzione di taluni problemi storici, ma dal numero di ismi che sanno allineare in un periodo o dal disorientamento che con esibizionismi culturali sanno determinare nel lettore. Oltre trenta relazioni e più di 15 comunicazioni hanno svolto, quindi, nei vari argomenti, il primo tema. Sono centinaia e centinaia di pagine dattiloscritte che non sono, no, destinate alla polvere degli archivi, ma hanno veramente in sè il fermento della nuova vita. Esse rappresentano — finalmente — la volontà rivoluzionaria del pensiero italiano di riguardare, con occhio e mente italiani, la nostra storia. E proprio qui è la loro maggiore importanza. In questo stato d'animo, comune a tutti relatori, sta il contributo che questo convegno deve dare ad una revisione chiarificatrice di certe posizioni filosofiche e storiche che ancora oggi, nell'anno XVIII della Rivoluzione, fanno il bello e il cattivo tempo. Una prima conclusione intanto, che chiaramente scaturisce da questo imponente contributo di ricerche — molto spesso originali, sempre precise e documentate — e che Nazareno Padellaro ha sintetizzato e rielaborato con grande dottrina nella sua organica e puntuale relazione generale al primo tema — « *Tradizione anti-razionalistica e antintellettualistica del pensiero degli italici* » — si può senz'altro riassumere nella riconosciuta esistenza di una tradizione unitaria, attraverso oltre 25 secoli di storia, di un pensiero proprio degli italici, individuato negativamente da un espresso atteggiamento anti-intellettualistico e anti-razionalistico — si badi, diciamo anti-razionalistico e non antirazionale e tanto meno irrazionale — e positivamente espresso da una accesa concezione super-individualistica della vita — sia che si chiami dea Roma, Cattolicesimo o Patria — realizzata politicamente, e il termine qui va inteso nel suo significato più lato di organizzazione della vita collettiva, da un sistema che senza essere soprannaturale, è nettamente supra-razionale.

13 relazioni e 5 comunicazioni sul secondo tema.

Ma è stata la discussione del secondo tema — « Caratteristiche e momenti mistici della storia d'Italia » — che ha messo nella più inequivocabile evidenza che è proprio questa concezione della vita, tipica della nostra razza italica, quella che ci ha consentito di superare vittoriosamente i momenti più critici della nostra storia più che bimillenaria. E' attraverso il grande e definitivo banco di prova della storia, colto nei suoi momenti di congiuntura, che il nostro tradizionale pensiero ha dimostrato la sua vitalità, cioè la sua capacità di informare di sè il mondo. I vari argomenti di questo tema sono stati con grande efficacia puntualizzati dai diversi relatori e Cornelio di Marzio, in una esauriente sintesi, ha saputo mettere, con parola convincentissima, l'accento sui valori-forza di questa nostra tradizione.
Delle relazioni presentate, quella di Rodolfo Corselli (« La rivelazione della volontà di Roma portatrice dei valori mediterranei contro i semiti di Cartagine ») ha saputo mettere, con precisione di documentazione e

ricchezza di argomentazioni, in suggestiva evidenza i valori morali e i principii politici e sociali che hanno portato Roma alla grandezza e all'Impero. Sullo stesso argomento hanno con efficacia scritto Leodalba e Giulio Giannelli. Altamente significativa, per l'oggetto della trattazione, la relazione di Nicola Ferorelli (« Il Piemonte e la missione italiana di Casa Savoia nell'età moderna ») che con scelta felicissima ha messo in rilievo l'apporto dato alla formazione della nuova Italia dalla gloriosa nostra Dinastia. Assai interessanti, agli effetti della dimostrazione del tema, gli studi di Dino Bonardi (« I fondamenti spirituali dell'impero di Ottaviano »), di Carlo Guido Mor (« Il risveglio di elementi latini nel secolo XI »), di Renato Molinari (« Mistica della romanità: dalle origini ai comuni »), di Antonio Monti (« Mistica del Risorgimento e mistica del Fascismo ») di Napoleone Dabbene (« Il valore sintomatico della battaglia di Legnano »), di Sergio D'Alba (« Fondamenti spirituali dell'impero di Ottaviano ») e di Luigi Vigliani (« Lealismo dinastico e coscienza nazionale in Piemonte nel secolo XVII »). Utili contributi ai lavori del Convegno sono stati infine dati da Cesare Mussini (« Il valore sintomatico della battaglia di Legnano » e « Il Risorgimento »), da Aldo Testa (« Mistica dell'imperialismo spirituale di Roma), da Luigi Cappiello (« Cesare e Vercingetorige »), da Alfonso Garofalo (« La rivelazione della volontà di Roma durante la lotta contro i Galli invasori ») da Luigi Vigliani (« La genesi della coscienza nazionale in Piemonte ») e da Renato Molinari (« La battaglia di Ostia »). Con la trattazione di tredici ampie relazioni monografiche e cinque comunicazioni, che Cornelio di Marzio ha saputo efficacemente esprimere nella sua relazione generale, si sono chiusi così i lavori del secondo tema del Convegno.

Operare nel quadro di una verità che ci trascende.

Al termine, così, della prima giornata veniva definitivamente acquisito il secondo punto di questo nostro Convegno. Essere, cioè, la coscienza di operare nel quadro di una verità che ci trascende — ripeto: sia che si chiami grandezza o potenza di Roma o Cattolicesimo, o quell'amore d'Italia che faceva dire a Machiavelli « *amare la Patria più della propria anima* » — quella che ha consentito alla nostra razza di durare e vincere, volta a volta di resistere, affermarsi e trionfare di tutti i nemici e di tutte le contingenze.

Dalle discussioni sul secondo tema emergono quindi, in tutta la loro completezza, la natura e la forza della nostra tradizione, che ha diritto all'appellativo di politica perchè, contrariamente a quanto si può, o si deve dire, di altre tradizioni, vuoi di popoli europei che extraeuropei, essa è stata veramente fattrice di storia, cioè ha realmente rappresentato, nella vita millenaria della nostra razza, una forza costruttiva. E' infatti ai principii e alle convinzioni sprigionati da una salda tradizione che noi dobbiamo la grandezza di Roma. Come la città dei sette colli avrebbe, altrimenti, potuto superare la tragica crisi dei Galli alle porte? Come avrebbe potuto riprendersi dopo Canne se una non sradicabile fiducia nel destino e nell'avvenire di Roma non avesse centuplicato le forze e le energie di tutti i suoi cittadini? Quale mai vittoria potevano sperare nella piana di Legnano le disperate compagnie della morte, che nel Carroccio difendevano il patrimonio ideale di nostra gente, se in ognuno dei comunardi discesi in campo contro lo straniero non fosse arsa fierissima la certezza nell'avvenire dei gonfaloni cittadini? E i miracoli del Risorgimento come diversamente si spiegherebbero? E la ripresa dopo Caporetto e la stessa Marcia su Roma, le sanzioni e l'Impero come avrebbero potuto essere attinti se una fede più forte di tutto, se una convinzione più salda di tutti i ragionamenti, se una certezza più indistruttibile di tutta l'apparente realtà non avessero animato i figli della nostra terra? Troppo bene i vari relatori hanno richiamato la nostra attenzione sui diversi «casi» storici che provano queste affermazioni perchè qui ora io debba ripetere le loro probantissime testimonianze.

Gli elementi e i due momenti della nostra tradizione.

A questo punto dobbiamo invece chiederci quali, a conclusione delle discussioni sui primi due temi del convegno, sono risultati essere gli elementi ed i momenti di questa nostra tradizione. Rispondiamo partitamente: non importa se, in parte, anche ripetendoci. Il punto è così centrale e vitale per la dimostrazione del nostro assunto da meritare tale analisi. Immediato, come elemento che, negativamente, individua la nostra tradizione, — ripetiamo — emerge anzitutto un indiscutibile atteggiamento anti-razionalistico e anti-ntellettualistico. Se infatti, sempre, lungo i secoli, i nostri pensatori hanno riconosciuto l'importanza della ragione quale mezzo di ricerca della verità, mai essi l'hanno elevata sugli altari, mai si sono sentiti di divinizzarla o farla centro e base di un sistema, vuoi filosofico, vuoi politico. Ecco perchè possiamo dire alto che la nostra tradizione è razionale ma non razionalistica. L'anti-razionalismo e l'anti-intellettualismo della nostra razza va inteso, pertanto, non come un atteggiamento irrazionale dello spirito, ma sibbene come una posizione che rifiuta di divinizzare la ragione, perchè essa ha limiti segnati e dal soprannaturale e dal supra-razionale. Come, del resto, di fronte alla limpida e razionale chiarezza del diritto potrebbe essere diversamente interpretata la cacciata, nell'antica Roma, di Carneade? Come potremmo altrimenti comprendere la diffidenza che — da Catone, che odiava i sofi venuti dalla lontana Grecia a corrompere le salde convinzioni dei suoi contemporanei, ad Agricola, che riconosceva che nella sua giovinezza aveva studiato filosofia più che si convenisse ad un romano e ad un senatore — caratterizzò sempre il pensiero romano contro l'intellettualismo di marca più o meno esplicitamente ellenistica? E quel capolavoro, che è il dialogo tra Scipione e Lelio, sulla concezione romana dello Stato, può forse far catalogare Cicerone tra i razionalistici, sia che questa parola si accetti nel suo significato strettamente filosofico che nella sua accezione comune? O, forse, il sano richiamo di Marco Aurelio alla realtà può convalidare la tesi di coloro che di questo grande imperatore romano vollero fare un precursore della deterministica concezione dell'etica geometrica dell'ebreo Spinoza? Un professore, per fortuna uno solo — tanto per non far nomi, Rodolfo De Mattei — con togata prosopopea ci ha fatto il sermoncino e con tono molto cattedratico ha detto che il primo tema è stato male formulato e ancora peggio enunciato. Anzitutto precisiamo che il tema è « tradizione anti-razionalistica e anti-intellettualistica del pensiero degli italici ». Abbiamo detto anti-razionalistica e anti-intellettualistica e non antirazionale. La differenza è forte. Non, ripetiamo, irrazionale o sub-razionale ma supra-razionale quindi è la nostra vera tradizione. Questo per la terminologia. Circa poi la sua proposta di modificare l'antirazionalismo in spiritualismo gli rispondiamo che abbiamo messo l'accento su questo atteggiamento perchè il nostro bersaglio è proprio il razionalismo, e lo spiritualismo si presta a troppi compiacenti forzamenti per essere scelto. Con buona pace del nostro professore aggiungiamo, anzi, che questo convegno vuole essere la pietra tombale del razionalismo e di tutti i suoi postumi più o meno intelligenti, ivi compreso l'idealismo. Non, precisiamolo subito, in nome di altri *ismi*, ma nel sacro nome di quella Idea, che MUSSOLINI ci ha insegnato ad amare e per la quale, sulle piazze d'Italia e sui campi di Africa e Spagna, tanti giovani hanno dato le loro fiorenti vite. Oggi noi concludiamo una battaglia che ha al suo attivo azioni ardite — fatte sempre alla luce del sole e nel nome del Fascismo — e uomini che, come Spinetti, Nino Guglielmi, Talamanca e Carbonelli, anche qui hanno brillantemente ribadito i loro vecchi attacchi contro le degenerazioni idealistiche. E, lo ricordino gli eventuali paladini di questi disgraziati sofismi, noi siamo disposti a mettere una pietra tombale anche su tutti i più o meno interessati epigoni di quelle correnti di pensiero che, nate all'estero, dall'estero sono state importate e imposte, violentando ogni nostro più sacro principio. Perchè avremmo fatto una grande guerra, perchè avremmo riempito di croci eroiche i cimiteri del Carso e del Trentino, perchè tremila giovanetti avrebbero fatto offerta del loro sangue all'Idea, se non per ridare finalmente l'Italia agli Italiani? Il razionalismo, con tutta la lunga serie dei suoi figliocci più o meno naturali, per la storia è morto nelle trincee della Bainsizza e sulle strade d'Italia arrossate dal sangue dei Caduti fascisti. Oggi sopravvive in pochi esangui intellettualoidi e salottisti, ma solo come nostalgia di un mondo per nostra fortuna definitivamente sepolto o come rancore contro la storia che non ha usato i guanti bianchi verso la suscettibile progenie dei topi di biblioteca. Ma, se qualcuno volesse risuscitarlo, sappia che c'è una Scuola, che a Milano — come ha detto il DUCE — vigila ed è pronta a suonare il campanello d'allarme. Sappia anche che il tempo dei contrabbandi è finito. E come il Fascismo ha eliminato il razionalismo e i suoi epigoni dalla politica e dall'economia così, con intransigenza altrettanto chirurgica, intende eliminarlo dal pensiero e dalla filosofia italiana. Secondo l'ordine del DUCE, ripuliremo anche questi angolini e metteremo nella spazzatura della storia tutte quelle larve intellettuali che covano la segreta speranziella di diventare le iridescenti farfalle della storia di domani. La Rivoluzione fascista, come ha ricordato recentemente Carlo Ravasio, non intende abdicare alla sua totalitarietà. Noi non siamo disposti, in nome di più o meno accomodanti compromessi, a tradire l'Idea e il DUCE. Preferiremmo lasciarci le penne. Siamo per la coerenza più intransigente. Perciò niente compartimenti stagni: non si può essere fascisti in politica e intellettuali o razionalistici a tavolino. Come ha detto Yvon De Begnac e come ha ribadito Fontanelli, l'ibridismo, di borghese e cara memoria, è parola e atteggiamento sconosciuto ai fascisti. Siamo stufi, arcistufi di continuare a sentirci decantare ed esaltare gli stranieri e i loro più o meno felici parti. Anche recentemente Dino Grandi, con atto profondamente rivoluzionario, ha affermato che è ora di defenestrare dal nostro diritto tutto ciò che ci è estraneo perchè proveniente d'oltre confine. Autarchia anche in questo campo, quindi. Autarchia che non è ignoranza nè odio per lo straniero. No, spieghiamoci subito, noi diciamo che gli stranieri bisogna conoscerli, studiarli, anche stimarli, ma lasciarli a casa loro. Nulla da essi abbiamo da apprendere: se mai abbiamo tanto fosforo da regalare loro qualche cosa. Qualcuno dirò che questo è eccessivo. No, è semplicemente fascista. Soltanto, esclusivamente e, anche, modestamente fascista. Cioè coraggioso, cioè coscienza della nostra forza e del posto che la nostra intelligenza ha nella gerarchia dei popoli. Un tempo giravamo il mondo ad accattar lavoro, leggi e filosofia, oggi siamo ad un'altra fase. Intendiamo — se mai — far lavorare gli altri per noi, dare agli altri le nostre leggi e la nostra filosofia. Qualcuno ha detto, invece, mistica è irrazionale. No. Mai più. Mistica è, non negazione, ma superamento della ragione, perchè se noi siamo contro il razionalismo che la ragione esaurisce e isterilisce in se stessa, siamo invece per una ragione, come ha ottimamente detto Guido Manacorda, ravvivata dal calore, siamo per una ragione che vuole farsi vita, cioè azione. Mistica quindi, diciamo anche questo forte, se è contro ogni dottrinarismo in quanto sistema razionalistico è per la dottrina intesa come viatico di vivere fascista. Nessuna sfiducia, perciò, come ha ben detto Pennisi, nella cultura, ma pretesa, come ha precisato Marana, di avere una cultura nostra, fascista. Fede consapevole ha detto, da un altro punto di vista, molto giustamente Silvio Maurano. Come San Tommaso, invero, per primo ha saputo coniugare ragione e religione, così la mistica, analogamente, intende coniugare ragione e sentimento. Ma siamo e restiamo sempre nel campo dell'umano. Occorre sbarazzare, definitivamente sbarazzare, e mi pare che Fernando Mezzasoma l'abbia fatto in modo impeccabile — tale anzi da soddisfare il più ortodosso dei fascisti cattolici o dei cattolici fascisti — il campo da questa confusione: mistica-religione. No. C'è una mistica che è politica, esclusivamente politica perchè riguarda il finito, l'umano, quello che c'è in questa terra. C'è invece un misticismo che è religioso, esclusivamente religioso. Ci potranno essere analogie, ci potrà essere confluenza di scopi anche, ma il rapporto è di demarcazione netta, così come quello che intercorre tra l'umano e il divino, tra il terreno che è spirito e materia e il soprannaturale che è Dio, anima.

La vita come dovere e missione.

L'elemento positivo della nostra tradizione è stato invece giustamente individuato in quel particolare atteggiamento dello spirito per cui si ammette l'esistenza di un vero super-individuale, in quanto al di fuori dell'uomo e quindi obiettivamente individuabile, come ha ricordato Carbonelli. E chi potrebbe negare l'esistenza di ciò presso i nostri avi che addirittura arrivarono al culto della dea Roma? E in Livio e in Virgilio, ogni brano delle loro opere, non è esaltazione continua di un popolo romano, inteso non già come somma o collettività, ma come qualcosa di assoluto, come un valore eterno, come una verità e un essere che trascende il *civis*. A prescindere poi dal pensiero cattolico, evidentemente ancorato a una concezione trascendente, anche lo stesso Machiavelli partecipa a questo atteggiamento quando nel *Principe* esalta lo Stato e assume la realtà effettuale come un dato di fatto che si deve sì riconoscere, ma non certo per subirla, sì bene per trasformarla. Chi poi potrebbe pensare di discutere l'adesione a tale atteggiamento di un Mazzini? Terzo elemento, infine, individuato durante le esposizioni di queste due giornate, è la concezione volontaristica della vita e del mondo che in più di due millenni ha caratterizzato la nostra razza. Concezione tipicamente morale, come hanno bene ricordato Padovani e Stefanini, in quanto sempre, proprio degli italici, è stato il dover essere, cioè il concepire la vita come una missione e il mondo come una realtà da trasformare e ordinare secondo un determinato ideale. Quando il Poeta latino ricorda solennemente che compito del romano è *« parcere subiectis et debellare superbos »* non fissa all'azione di Roma un fine altamente morale? E questa si può forse chiamare una concezione del fatto compiuto, ed è in alcun modo concordabile con quella idealistica per cui l'avvenuto è sempre giusto e quindi va supinamente accettato? Altrettanto decisamente anti-deterministico non è l'Ulisse dantesco che incita i compagni a non *viver come bruti*, cioè a reagire con lo spirito e la volontà contro le forze che li circondano e li sovrastano, per *seguire virtute e conoscenza*, cioè per realizzare un ideale altamente morale ? E quando Gioberti parla del primato degli italiani o Mazzini illustra la missione propria del nostro popolo, non confermano solennemente questa concezione del mondo? E non è egualmente anti-naturalistico, anti-determinista, anti-meccanicista MUSSOLINI quando, richiesto da un filosofo tedesco di definire la concezione del Fascismo, afferma che *«noi siamo contro la vita comoda»* e quindi per la lotta, che è realizzazione di un ideale superiore? A questo proposito, qualcuno, con molta acutezza, ha ribadito che, caratteristica della nostra razza, è la concezione della vita come milizia, cioè dell'uomo che intende la vita come missione, come volontà attiva di realizzare l'ideale. D'accordo fin qui, ma il dissenso, però, sorge o almeno potrebbe sorgere nello stabilire l'origine di questo valore ideale. Esso cioè è una mera creazione della ragione individuale? Se è così noi diciamo che non siamo con questo qualcuno perchè questa è la via delle verità multiple, anzi infinite, questo è quel credo filosofico che Pirandello ha realizzato in *« Uno, Nessuno, Centomila »*, o in *« Così è se vi pare »* e che ha fatto dire a un giovane che il suo dogma è quello di non avere nessun dogma: cioè nessun punto base, nessun metro assoluto. Per noi fascisti invece c'è un Vero con la V maiuscola, c'è un dogma, c'è un assoluto di fronte al quale — come ha detto il DUCE — tutto il resto è il relativo, il contingente. E questo dogma, questo assoluto su questa terra, ripeto, durante la nostra vita terrena — è lo Stato, è la Patria. Ma non la Patria quale la può inventare la ragione, ma quella che scaturisce dalla Storia, quella che è stata fatta dalla passione e dal lavoro degli avi e dei padri, quella che racchiude i nostri Santi e i nostri eroi, quella nella quale hanno creduto sino al sacrificio della vita tanti giovani, quella che noi amiamo con cuore volta a volta di padre e di figlio, quella che è stata il sogno della nostra infanzia, che è stata la speranza della nostra adolescenza ed è la certezza della nostra maturità.

L'ideale italico dell'eroe contro l'ideale atlantico del dotto.

Ora, a che porta questa tradizione? Impostato in termini morali, il problema dei rapporti tra l'uomo e il vero e tra l'uomo e la natura, pone l'individuo come *medium* tra il vero e il suo realizzarsi. Perchè è proprio attraverso l'opera dell'uomo, è mediante l'azione volontaria di esso che l'ideale si concreta, viene trasferito nel campo dei fatti, diventa storia. Quindi l'uomo italico, l'uomo come scaturisce dalla nostra tradizione, sia esso il quirite dell'antica Roma, il cattolico, l'uomo del medioevo o del rinascimento, quello del Risorgimento o il fascista, attraverso due tipici momenti, ambedue espressione della sua volontà, ed ugualmente importanti, realizza la sua funzione, quello cioè che è il suo compito storico: e sono i due momenti del conoscere e del realizzare. Deve, cioè, l'uomo, in un primo tempo, conoscere il vero, non importa se mediatamente o immediatamente, se attraverso un processo logico o mediante l'intuizione, con l'estasi o gnoseologicamente. E una volta venuto a conoscenza di questo vero, deve, per realizzare pienamente il suo compito, attuarlo, cioè imporlo alla realtà naturale, trasformando a somiglianza di questo ideale il mondo che lo circonda. Quindi, perfezione — cioè mistica — si ha quando si ha sintesi di questi due momenti. Non basta cioè conoscere o agire: occorre conoscere e agire. Tale posizione, evidentemente, esclude ogni altra soluzione analitica, cioè impostata su uno dei due elementi e quindi essa è egualmente distante sia dal razionalismo che dal pragmatismo. Ecco perchè l'ideale umano della nostra tradizione è, come ha detto Vico, non già il dotto, che è espressione di una concezione analitica, come quello che si soddisfa di una posizione puramente gnoseologica, ma l'eroe che il dotto comprende perchè, in quanto realizza l'ideale, visto, intravisto o acquisito nell'estasi, è più del dotto. Ed ecco perchè i nostri santi sono S. Benedetto che poneva la regola nell'*ora et labora*, cioè pregare per avere, attraverso la grazia, la conoscenza del vero e operare per realizzare questo vero. Si chiamano, non S. Ignazio o S. Teresa, ma S. Francesco e Santa Caterina. Sono uomini di pensiero e di azione come Cesare e Machiavelli. Si chiamano Catone, Cicerone, Tacito cioè uomini d'armi e di studio, cioè personalità complete, che da consoli e da storici o da giureconsulti hanno realizzato l'ideale umano della nostra tradizione. Sono, come Mazzini o Arnaldo, apostoli e patrioti insieme. Hanno i nomi di Balilla e Garibaldi, Baracca e Pepe, D'Annunzio e Costanzo Ciano, Lusardi e Mele. Mistica, perciò, è quella concezione della vita e del mondo che, in modo inconfondibile, caratterizza la nostra razza italica ed è espressa dalla nostra più che bimillenaria tradizione. E' mistico colui che, quale portatore di questa dottrina, ne realizza al massimo grado gli imperativi ed è testimonianza viva di questa perfezione dello spirito. Ecco perchè sono mistici i Santi e gli Eroi, il Crociato e lo Squadrista, la Medaglia d'Oro e il Missionario. Giunti a questo punto non possiamo non fare una constatazione. Questa: che i valori che caratterizzano la nostra tradizione rappresentano l'attesa del mondo contemporaneo. Filosofi, storici, economisti, politici, infatti, sono tutti d'accordo sull'esistenza della crisi che sconvolge il mondo contemporaneo. E la gran parte, anche se non tutti, ammettono che questa che noi viviamo è una crisi dovuta al razionalismo ed all'intellettualismo — come ha benissimo detto il Maggiore — intesi sia nelle loro forme storiche e tradizionali, sia nelle loro illazioni più disparate. Da più parti, poi, si riconosce che il mondo contemporaneo ha bisogno di salde verità cui ancorarsi e di reali valori cui commisurarsi, ha cioè necessità di riconoscersi e di credere in qualche cosa di meno effimero delle meteore che il pensiero cosiddetto moderno ha fatto balenare dinanzi alla fantasia sconvolta dei nostri contemporanei. Infine nessuno nega l'esistenza di un problema morale.

Ragione e condizione della nostra universalità.

E non è proprio a questi tre problemi che risponde la nostra tradizione? Nell'attuale ricorso storico — come direbbe Vico — il mondo, per sciogliere il nodo della crisi, deve perciò rifarsi a Roma, deve rivolgersi alla nostra razza, deve abbeverarsi al nostro pensiero, deve apprendere da noi la via dalla quale scampare la tempesta che lo sconvolge. Nel movimento pendolare della storia, l'accento è oggi messo sulla parola sintesi e perciò esso non può suonare che Roma. Ecco perchè si riparla di un'universalità italiana, ecco perchè — quasi a nostra insaputa — dai lidi più lontani si guarda alla Città Eterna e nel mondo corre l'ansia e la paura ad un tempo del ritorno di Roma. E' perciò che il DUCE già nel 1930 ha potuto dire: « *il Fascismo, in quanto idea, dottrina, realizzazione, è universale; italiano nei suoi particolari istituti, esso è universale nello spirito* ». Ed è per questo che più recentemente ha potuto ribadire « *l'Europa sarà fascista o fascistizzata* » volendo con questo dire — come ha ricordato Eugenio Coselschi e ha detto a nome degli squadristi Alfredo Acito che l'accettazione del Fascismo è, ormai, per il mondo contemporaneo nella necessità delle cose. Tutto ciò però ci dice che, contrariamente ai vecchi luoghi comuni tanto cari agli internazionalisti, di fuori e di dentro, per essere universali dobbiamo essere sempre più noi, cioè sempre più italiani. Nè questo deve sembrare paradossale. Perchè quanto più noi approfondiremo la nostra natura, quanto più individueremo le nostre caratteristiche, tanto più originale e quindi indispensabile sarà il nostro apporto alla civiltà degli altri popoli ed alla soluzione dell'attuale crisi. E proprio questo è il compito storico della Rivoluzione Fascista. Compito interno ed esterno ad un tempo, nazionale ed universale.

57 relazioni e 20 comunicazioni sul terzo tema.

E su questo fondamentale punto, visto nella sua proiezione storica, hanno fermata la loro attenzione molti relatori del terzo tema. E qui Franco Ciarlantini, prima di lasciare questa vita da lui dedicata alla grandezza della patria, ha voluto mettere l'accento sul « valore educativo dell'intransigenza nella prassi fascista ». Contributi interessantissimi a precisazione di questa tesi, esaminata nei suoi diversi aspetti ideali e nelle sue pratiche necessità, li troviamo nelle relazioni di Sergio Panunzio « I tre tempi della Rivoluzione », Giovan Battista Marziali « Mistica dell'arditismo », Nicola Macedonio « Mistica dell'autarchia giuridica », Feliciano Lepore « Mistica e Rivoluzione », Eugenio Coselschi « La mistica dell'imperialismo fascista », Pasquale Pennisi « Mistica del fascismo e continuità della Rivoluzione », Oddone Fantini « Funzione essenziale della mistica per la continuità della Rivoluzione Fascista », Ugo Manunta « La mistica nella vita sociale », Berto Ricci « Mistica Fascista e unità sociale », Mario Rivoire « Mistica Fascista e mistica totalitaria », Giacomo Guiglia « La mistica nel pensiero economico italiano e nel corporativismo », Angelo Carati « Mistica e personalità umana nella concezione fascista della vita », Gastone Rognoni « Mistica e scuola fascista », Salvatore Caltabiano « Mistica politica e mistica religiosa nella concezione fascista della vita », Luciano Boccini « Valore e funzione della mistica nella dinamica della Rivoluzione Fascista », Giuseppe Leonardi « Mistica dell'autarchia », Ernesto Fodale « La riforma amministrativa dello Stato fascista », Bruno Salerno « Mistica della terra, dinamica rivoluzionaria e valore della politica agraria fascista », Emidio Persico « Mistica del lavoro », Puccio Pucci e Raniero Nicolai « La etica dello sport - lo sport come strumento di ascesi morale », Frangiotto Pullè e Gaetano Bagalà « Per la conservazione del clima rivoluzionario », Giovanni Calendoli « I valori mistici nella dinamica della politica estera fascista », Paolo Orano « La spinta mistica della Rivoluzione fascista », Renzo Sertoli-Salis « L'aspetto mistico della politica internazionale del fascismo ». Utili considerazioni sono sviluppate anche negli studi di Alberto Mario Cirese « Rivoluzioni e Rivoluzione fascista », Federico Forni « Mistica della Rivoluzione fascista », Egidio Curi « La mistica nella scuola e nella G.I.L. », Michele Maria Tumminelli « Valore e funzione della mistica nella dinamica della scuola fascista », Domenico Medugno « La cooperazione fascista elemento di mistica economica », Michelangelo Sorrentino « Mistica dell'autarchia », Luigi Madia « I tre momenti delle Rivoluzioni », Alfredo Acito « L'impero nelle tradizioni di Roma e nella concezione fascista », Armando Carlini « Misticismo Fascista » che abbiamo già esaminato relativamente al I° tema, Paolo Cavezzali « Mistica fascista - mistica umana », Irma Alba Selva « Mistica del lavoro ». Felice Chilanti, Mario Stefano Cutelli, Oreste Croppi, Nicola Galdo, Luigi Rjavec, Irene Santini, Alfio Titta, Antonio de Stefano, Giovanni Martelloni ed Ettore Martinoli hanno scritto pagine interessanti, ciascuno con atteggiamento e visione personale, sul valore e la funzione della mistica nella dinamica della rivoluzione. Sulla « Funzione essenziale della mistica per la continuità della Rivoluzione fascista » hanno portato il contributo delle loro meditazioni Elio Giuffrida, Giuseppe Raspelli, Giacomo Savino, Bruno Masotti, Santino Caramella e Tommaso Mirabella. Altre belle relazioni sono state presentate da Franco Rocco Fabiani « Mistica e dinamica del fascismo », Mario Vittorio Moroni « Mistica del combattente squadrista », Francesco Giulio Baghino « Perchè dobbiamo esser mistici », Ruggero Vecchia « Esistenza e funzione di una mistica del razzismo e suoi rapporti con la mistica fascista », Giuseppe Altini « Funzione dinamica e mistica della razza nel quadro della Rivoluzione fascista », Vittorio Emanuele Fabbri « Mistica Fascista », Francesco Salvatore Romano « Misticismo fascista », Lorenzo Ruggi « Differenze ed analogie tra cristianesimo e Fascismo », Michele Palmieri « Dal momento mistico al momento politico », Pietro Pollidori « Valore fondamentale della mistica per la conservazione del clima rivoluzionario », Mario Febbrajo « Caratteri e potenzialità della mistica mussoliniana », Enrico Edmondo Grassi « Mistica guerriera », Armando Ravaglioli « La mistica nell'educazione dei giovani », Giuseppe Zacchi « Mistica del lavoro », Rodolfo Corselli « Mistica militare », Savino Gioia « Perché siamo dei mistici », Gianfranco Bianchi « Realismo e mistica nello spiritualismo fascista », Gino Calebich « Perchè siamo dei mistici », Aurelio Cassanello « Per una determinazione di una mistica fascista », Alessandro D'Emilia « Sul fondamento storico-dogmatico della mistica fascista », Ercole Melati « La mistica nella dinamica della rivoluzione fascista », Enrico Allorio « Mistica fascista », Riccardo Carbonelli « Sostanza della mistica e della Rivoluzione », Franco Pellegrini « Mistica corporativa ». Infine un interessante contributo di osservazioni è stato portato dalla relazione di Amalia Fassio Bonanni che, illustrando la « Funzione essenziale della mistica per l'espansione della Rivoluzione », ha richiamato la attenzione dei convegnisti sulle necessità e sulle concrete possibilità dell'ambiente albanese. Oltre 50 sono state le relazioni monografiche sul terzo tema e le comunicazioni hanno superato la quindicina. Apporto rilevante, indubbiamente, di osservazioni, ma soprattutto contributo di fedi salde e indistruttibili, consapevoli del valore della nostra Rivoluzione e sicure del suo avvenire. Con esse, ma soprattutto attraverso la parola di Guido Pallotta che con efficace mordente ha individuato l'ideale morale della Rivoluzione, le « costanti » scaturite dall'esame della nostra tradizione si sono saldate con la nostra vita di oggi, hanno quasi fatto corpo con i principi che informano la Rivoluzione, dimostrando l'esistenza di una perfetta continuità tra il più profondo e vero filone della nostra storia più che bimillenaria e il Fascismo.

Tradizione e Rivoluzione nel pensiero di Arnaldo.

Ecco perchè, oggi, rivoluzione e tradizione non si escludono, ma anzi si identificano e questo spiega il culto che noi abbiamo per il passato e dice ai soliti uomini dai paraocchi che l'italiano del secolo XX non può che essere fascista. Nè ci si fraintenda. Il Fascismo è un richiamo violento alla tradizione, non un ritorno o una ripetizione. Per noi fascisti la tradizione, come lo dice il significato etimologico del termine e come Evola ha documentato, è e non può essere che dinamica. Altrimenti si parlerebbe di conservatorismo o di reazione. Invece la tradizione è continua coniugazione, attraverso il presente, del passato e dell'avvenire; è processo inesausto di superamento, è una fiaccola accesa con la quale ogni popolo illumina la propria strada e corre nel tempo verso l'avvenire. Se qualcuno trovasse ciò strano e in questa conclusione vedesse quasi un forzare la nostra storia a una tesi più o meno suggestiva, ricordi quello che ARNALDO diceva il 29 novembre X : « *Lo spirito che anima la Scuola di mistica* — dichiarava allora il MAESTRO nel discorso all'Odeon — *è in giusta relazione al correre del tempo che non conosce dighe, nè ha dei limiti critici; mistica è un richiamo ad una tradizione ideale che rivive trasformata e ricreata nel vostro programma di giovani fascisti rinnovatori* ». In queste Sue parole c'è — in sintesi più che evidente — tutta la nostra tesi. I non pochi miopi, che ancora pontificano da tante cattedre, dalle quali credono di conservare alla gratitudine dei nipoti i relitti del naufragato e ormai definitivamente sotterrato mondo demo-social-liberale, si persuadano. I moderni, i contemporanei, siamo noi ai quali MUSSOLINI ha insegnato a gridare *«tutto nello Stato, niente al di fuori, nulla contro lo Stato»*, perchè il ciclo individualista della storia è chiuso: senza speranze: poiché, senza se e senza ma, come è scritto nella « dottrina politica e sociale », il XX e gli altri saranno secoli di «destra». Imparino che i moderni siamo noi, anche se esaltatori della violenza chirurgica perchè dovrebbero capire, se ancora rimane loro un pò di cervello, che è solo attraverso l'azione che si attua il secondo momento dell'ideale tradizionale e moderno dell'eroe. Sappiano poi che i moderni siamo noi, anche se portatori dall'intransigenza più assoluta perchè il volere fermamente la realizzazione dell'ideale è atto della più alta moralità. Apprendano infine che i più umani, nel significato più elevato della parola, siamo proprio noi fascisti perchè alle concezioni deterministiche, materialistiche e sensiste del razionalismo o del liberalismo, della democrazia o dell'intellettualismo, noi abbiamo sostituito l'uomo, non più elemento tra elementi, non più forza tra forze della natura, non più fuscello in balia delle cosiddette fatali leggi naturali o economiche, ma uomo morale e volitivo, che la natura domina e plasma secondo l'ideale del proprio spirito. Intendere così la missione della nostra razza nel mondo contemporaneo, concepire in modo così acceso il Fascismo vuol dire sentirsi vicini ai valori superiori dello spirito, significa partecipare, attraverso il contributo anche abnegante del proprio io, alle realtà nuove che si stanno creando. Questo si chiama « mistica ». Questo significa essere dei mistici del Fascismo. Essere cioè i portatori esaltati e intransigenti di questo credo politico.

Il monito del Maestro: essere intransigenti, domenicani.

La « mistica » è un « ordine » ha detto il DUCE il 20 novembre 1939. Non fuori ma dentro il Fascismo. Un ordine politico, libero, senza distinzioni e senza tessere perchè il distintivo dei mistici è quello eroico e glorioso del Partito e la tessera dei mistici è quella nella quale noi tutti abbiamo giurato di servire il DUCE e la Rivoluzione, anche col nostro sangue. Essere mistici significa perciò essere fascisti, squisitamente, soprattutto fascisti, nè più nè meno degli altri, così come essere francescano o gesuita significa non già essere più o meno cattolico degli altri credenti, ma mettere in opera una a preferenza delle altre virtù teologali. E delle virtù del Fascismo, dei valori della tradizione i mistici vogliono mettere in atto la fede operante, l'intransigenza costruttiva, la virtù eroica del credere. **Siate intransigenti, domenicani,** ci disse ARNALDO quando, nel binomio *«coscienza e dovere»*, esaltò la virtù tradizionale del nuovo italiano di MUSSOLINI. Nel problema morale del conoscere e dell'operare in conformità, il Maestro allora individuò la virtù tipica del nostro genio. Essere intransigenti su questo principio, volere sempre, in qualunque circostanza, questa perfetta coerenza, questa immediata conseguenzialità tra il pensiero e l'azione deve essere la consegna dei mistici. Come chirurgicamente storica è stata la violenza del Fascismo, altrettanto sanamente costruttiva deve essere la nostra intransigenza. Nessuna acidità, perciò, come nessun reazionarismo. Ma anche — diciamolo per certi zitelloni della politica che ad ogni angolo di strada fanno professione di puritanesimo — nessuna inutile astiosità e nessuna aprioristica acredine verso i neofiti. Noi — è lapalissiano — siamo per le conversioni: non crederemmo più alla forza redentrice della nostra Idea se pensassimo diversamente; nè — ove si volesse il contrario — si dovrebbe parlare più di proselitismo politico, di una Scuola di mistica, ecc. Ci sono, però, due inderogabili ma, direi quasi due gradi iniziatici. Anzitutto: la **buona fede**, più assoluta e più certa, più indiscutibile e più ampia. In secondo luogo: **nessuna riserva**, di alcun genere. Per avere l'onore di militare nei ranghi del Partito, infatti, bisogna ritornare spiritualmente vergini, occorre lo stato di grazia della perenne giovinezza. Se, perciò, noi comprendiamo benissimo il fascista che provenga dai ranghi del socialismo, non possiamo in nessun modo giustificare il fascista ancora ligio ad una concezione materialistica della vita. Del pari se possiamo concepire un fascista ex liberale, non ci sentiamo di ammettere in un fascista residuati idealistici, più o meno crociani o diversamente aggettivabili, come ottimamente hanno ribadito nelle loro relazioni Angelo Carati e Gastone Rognoni. Padellaro e Manacorda hanno parlato di un'Italia piena e priva di peccati. Sì: c'è l'Italia dei grandi, c'è l'Italia della vera tradizione ch'è un'Italia senza peccato, ma c'è anche un'Italia contingente, del giorno per giorno che ne è piena. Bisogna che questa Italia attinga le vette immacolate di quella. E quest'opera di epurazione non si può ottenere che con l'intransigenza più rigida. E' per questo che, anche recentemente, il Segretario del Partito ha messo l'accento su questa necessità. Ed è da questa nostra intransigenza che uscirà il capolavoro del nostro tempo. L'Italia più bella e più grande, più forte e più sicura del proprio destino, più nostra e più santa. Uscirà soprattutto un'Italia giovane, non per privilegio di età — come ha detto il grande mutilato Lepore — ma per la forza dello spirito. E non è questa la vera giovinezza del Fascismo? Giovane per generosità ed audacia, per abnegazione e baldanza, per coraggio e spensieratezza, non è stata la Rivoluzione? ...e non è questo il significato della nostra canzone? E a che, se non a questo, mirano G.I.L. e Scuola, Partito e Milizia?

Agli ordini del DUCE.

Se c'è stata una cosa altamente commovente in questo convegno è proprio questo incontro tra anziani e giovani e tra giovani e meno giovani. Incontro nel nome della giovinezza dello spirito e della comune fede nell'idea comune. Ma soprattutto incontro nel nome di Colui che quest'Italia ci ha elargito perchè ce l'ha rivelata e l'ha voluta. Ecco perchè il nostro amore per MUSSOLINI ha la temperatura di quello dei primi 149 di Piazza S. Sepolcro e di quello ha l'entusiasmo raccolto e la dedizione operosa: ecco perchè siamo spiritualmente vicini ai Sansepolcristi, agli Squadristi, agli Arditi: da fratelli a fratelli. Meglio: da commilitoni a commilitoni. Il Fiduciario nazionale dell'Associazione fascista della Scuola, Guido Mancini è stato felice quando ha detto « qui tutto il fascismo si trova unito dietro MUSSOLINI ». Preciserei: tutta l'intelligenza, perchè la vera intelligenza italiana è oggi dietro MUSSOLINI, ma non solo dietro il Capo del governo, dietro lo Statista, ma soprattutto dietro il DUCE, cioè dietro il fondatore di quella nuova dottrina civile che è il Fascismo. Perchè è ora di gettare a mare il vieto luogo comune dell'uomo di governo che non può essere uomo di scienza. Questo può essere stato o può essere ancora vero per i razionalisti che ponevano analiticamente il loro ideale nel dotto, ma non per noi. Qualcuno ha chiesto il bilancio di queste due giornate di feconde discussioni: non siamo qui per tirare le somme, anche perchè — nè l'affermazione sembri paradossale — il convegno comincia proprio ora che sta per concludersi. Ma ai maniaci della statistica, a coloro che vogliono tutto sintetizzare nei numeri, diciamo che il presidente della nostra Scuola, Vito Mussolini, indicendo, con il consenso del Partito, questo convegno, può dire di aver interpretato una fondamentale esigenza della Rivoluzione se ben 448 camerati, tra senatori, accademici, consiglieri nazionali, professori, studiosi, littori e giovani, hanno aderito ai nostri lavori e se, complessivamente, sono state presentate 104 relazioni e 40 comunicazioni, e se per due intere giornate la grande sala dell'Alessi in palazzo Marino è stata affollata da un uditorio fatto di anziani e di giovani, ma anche di giovanissimi, che hanno seguito con la più grande attenzione tutti i nostri lavori.

La fede muove le montagne: parola d'ordine dei mistici.

Altri si è chiesto: ma, infine, cos'è questa mistica? E nella sua domanda c'era l'attesa di sentirsi rispondere come il dizionario o una enciclopedia rispondono quando noi loro chiediamo il significato della parola legno o gelato o ferro. No. Nessuna definizione scolastica. La mistica non è, nè può essere una nozione di cultura da esprimere in quattro parole. Essa è uno stato d'animo, un grado di perfezione dello spirito. Dalla precisa, felicissima interpretazione data da Fernando Mezzasoma, alle relazioni di Padellaro, di Di Marzio e di Pallotta, in queste due giornate di lavori il problema è stato messo a fuoco. Siamo mistici perchè siamo degli arrabbiati, cioè dei faziosi, se così si può dire, del Fascismo, uomini — come ha scritto Rivoire nella sua relazione — partigiani per eccellenza e quindi — per il classico borghese — anche assurdi. La fede muove le montagne, ammonì il DUCE il 20 novembre. Questa — Egli aggiunse — può essere la vostra parola d'ordine. Lo è. Perchè la fede è tutto. Nulla se non si crede si fa, nulla se non si ha fede si vuole, nessuna difficoltà, se non si è fermamente convinti, si vince. Il «Covo» insegna: ecco perchè è diventato il sacrario del Fascismo. E, fra tutte le testimonianze ed i ricordi della vigilia, l'unica ad essere degna di assurgere al sacrario della Rivoluzione era proprio la stamberga che s'alza al n. 35 di Via Paolo da Cannobio, in quella casa stanca di anni e di umidità, che dal centro di Milano occhieggia di azzurro per tre cortili, e che i nemici di Italia chiamarono «Covo» perchè dal 15 Novembre 1914 al 15 Novembre 1920 fu la tana del Leone donde ogni giorno il « fondo » del DUCE zampò negli impoltriti e pettinati giardini degli avversari. E fu «Covo» perchè da lì uscì l'Idea e l'Azione perchè da lì, nel cielo d'ogni parte grigio di ignavia e di frollezza si aprirono squarci di ardimento e di fede. Fu «Covo» perchè da lì sorsero i Fasci d'azione rivoluzionaria e da lì si fomentò la speranza e l'attesa della guerra, e da quelle mura, fatte grigie dal tempo, si organizzò la resistenza nel '17 e dopo il '19 si iniziò la riscossa e si esaltò l'epopea di Fiume. Fu «Covo» infine, perchè durante i sei anni dell'Attesa e della Preparazione, dalla stanzetta del primo piano il Figlio del Fabbro di Dovia martellò l'Idea sino a farne la fiamma ardentissima cui si accesero i migliori.

Una "lectura Ducis".

E' in nome di questa fede, è in nome di questo spirito delle origini che il nostro Presidente Vito Mussolini indice una « Lectura Ducis ». E nel prossimo marzo, G. B. Marziali inizierà in questa stessa sala la lettura commentata dei più importanti discorsi del Creatore della Civiltà Fascista. Perchè le tavole fondamentali della Rivoluzione sono solo nella parola di MUSSOLINI. Lì è l'origine, lì è il nostro credo politico, lì è la nostra fede, quella bella e forte fede che dà all'uomo la forza per vincere, che sola lo fa, anche se piccolo e debole di fronte alle altre forze della natura, dominatore degli eventi; che sola lo pone nello stato di grazia di colui che vince per assurdo. Del resto nell'impossibile e nell'assurdo non credono solo i logici e gli spiriti mediocri. Ma quando c'è la fede e la volontà, niente è assurdo. Non era assurda, per i tiepidi e per i pavidi la Marcia su Roma? Per i pessimisti e per i ragionatori non sono state egualmente assurde la vittoria contro i 52 Stati sanzionisti e la conquista dell'Etiopia? Non era egualmente assurdo per i miopi il trionfo della nuova Spagna? Non sarà, domani, assurdo il trionfo nel mondo dei principi che sono a fondamento della nostra Rivoluzione? A questi assurdi MUSSOLINI ci ha abituati da vent'anni, di questi assurdi, oggi, è imbevuta l'anima di noi tutti. L'Italia nuova in essi, più che sperare, ha riposto la sua certezza: di essi vive. Ecco perchè è mistica. La storia, quella con la esse maiuscola è stata, è e sarà sempre un assurdo: l'assurdo dello spirito e della volontà che piega e vince la materia: cioè mistica. Fascismo = Spirito = Mistica = Combattimento = Vittoria perchè credere non si può se non si è mistici, combattere non si può se non si crede, marciare e vincere non si può se non si combatte. Come MUSSOLINI ha dimostrato il 24 maggio 1915, il 23 marzo 1919, il 28 ottobre 1922, il 2 ottobre 1935. Come domani. Come sempre.

La dichiarazione dei Volontari

I Volontari di tutte le guerre salutano con schietta simpatia i camerati di Mistica Fascista, e affermano che tutte le loro Legioni si considerano perennemente mobilitate, per affiancare l'opera della Scuola di Mistica Fascista, con una incessante e appassionata propaganda, fatta d'azione, d'ardimento e di fede, e sempre orientata verso la marcia, l'Impero e la conquista. Il Volontarismo italiano — che nella suo offerta illimitata al DUCE e alla Patria, non conosce nè stanchezze nè soste, — si considero, come nel suo posto naturale, sempre accanto olia gioventù rivoluzionaria e guerriera; e guarda, con essa, ai valori supremi dello lotta, del coraggio, del sacrificio, come all'unico mezzo per restituire al travagliato mondo, con lo pace e con la giustizia di Roma, la luce dello Spirito, invitto e immortale. Il Comandante dei Volontari

EUGENIO COSELSCHI

Quella degli Squadristi

La Rivista « Tempo di Mussolini » e i sottoscritti chiedono che sia inserita negli atti del I Convegno di Mistica Fascista lo seguente dichiarazione: Finalmente, nel solco dello idea Mussoliniana, oggi, in questo I Convegno di Mistica Fascista, è scaturita l'impostazione dell'idea nucleale del Fascismo per quanto Mistico, che per 20 anni i fascisti hanno cercato di vedere attuata. Le relazioni del Vice Segretario Mezzasoma, del camerata Nazareno Padellaro, del camerata Guido Pallotta, di Guido Mancini, di Cornelio di Marzio e del camerata Niccolò Giani, hanno inquadrato con chiarezza definitiva il contenuto di Mistica Fascista, nella linea generale e programmatica. In sostanza sono state erette le colonne e i limiti insuperabili che non potranno più essere infranti o invasi dalle deviazioni degli pseudo valori che la falsa scienza cerca imprimere sul nostro ceppo politico, tradizionale, romano. Lo relazione del camerata Padellaro, rifacendo in sintesi il processo del dualismo, che è alla base dell'anima umana, ha riconfermato in sostanza, come anche la verità politica, umana e terrena non può essere che quella di Roma. Dopo questa sintesi noi dobbiamo affermare che anche in politica non possono coesistere due verità. La verità politica è quella di Roma, quella riconfermata da tutti i Geni della Stirpe, da Dante a Machiavelli, da Vico a Mussolini ed è per questo che i popoli torneranno a Roma. La precisazione di questo I Convegno di Mistica Fascista è suscettiva certamente di esami particolareggiati nei singoli rapporti, ma nella sua impostazione deve ritenersi fondamentale a dover informare questo nostro Tempo Terzo della Rivoluzione Fascista. Propongono i sottoscritti che sia affermato come principio che la Mistica Fascista non è contro i principi del Cattolicesimo in quanto religione dei nostri Padri e come ha ben detto Padellaro « l'eredità mistico imperiale raccolta dalla Chiesa cattolico diviene efficienza stimolatrice di una idea centrale, assunta quale motrice e operante nel sentimento! ». Mistica Fascista perciò non può essere nè anticristiana nè anticattolica come al contrario lo furono è lo sono tutti i movimenti antiromani.

F.to: Squadrista Alfredo Acito - Avv. Nicola Macedonia - Federico Forni - Berto Ricci - Leandro Cellona - Franco Morigi - Squadrista Luigi Piazzano - Dr. Fersani Avv. Guglielmo della Porta - Augusto Dall'Aglio - Carlo Alberto Biggini dello R. Università di Pisa - Salvatore Alagna - Prof. Pennisi.

AL DUCE

"PREPARARSI A VIVERE E MORIRE PER IL FASCISMO NEL MODO PIU' DEGNO"

Al termine dei lavori del Convegno è stato mandato al Duce il seguente telegramma:

Il Convegno indetto dalla Scuola di Mistica Fascista Sandro Italico Mussolini ha messo in luce ancora una volta che Mistica fascista è la stessa forza interiore della nostra Rivoluzione, la stessa umana spiritualità che congiunge nel nome Vostro le nuove generazioni del Littorio ai veterani di tutte le battaglie. Le appassionate discussioni svoltesi in clima incandescente hanno dimostrato che Mistica fascista è una meta ideale a cui tutti i fascisti debbono tendere per prepararsi a vivere e morire per il Fascismo nel modo più degno.
Mezzasoma, presidente del Convegno - Vito Mussolini, presidente della Scuola di Mistica Fascista - Niccolò Giani, direttore della Scuola di Mistica Fascista.

PUNTI FERMI

. I due trinomi: autorità, ordine, giustizia, e credere, obbedire, combattere, costituiscono il vangelo delle generazioni fasciste che debbono essere inflessibilmente tenaci.

. E' necessaria l'assoluta intransigenza ideale, la fedeltà assoluta ai principi, la distinzione sempre più netta fra sacro e profano e la vigilanza assidua contro tutto quanto possa anche lontanamente nuocere al prestigio morale del Regime.

. L'uomo del Fascismo è individuo che è nazione e patria, legge morale che stringe insieme individui e generazioni in una tradizione e in una missione che sopprime l'istinto della vita chiusa nel breve giro del piacere per instaurare nel dovere una vita superiore libera da limiti di tempo e di spazio: una vita in cui l'individuo attraverso l'abnegazione di sè, il sacrificio dei suoi interessi particolari, la stessa morte, realizza quell'esistenza tutta spirituale in cui è il suo valore di uomo.

. Il Fascismo vuole l'uomo attivo e impegnato nell'azione con tutte le sue energie: lo vuole virilmente consapevole delle difficoltà che ci sono e pronto ad affrontarle. Concepisce la vita come lotta pensando che spetti all'uomo conquistarsi quella che sia veramente degna di lui, creando prima di tutto in sè stesso lo strumento (fisico morale, intellettuale) per edificarla. Così per l'individuo singolo, così per la nazione, così per l'umanità.

. L'orgoglioso motto squadrista « Me ne frego » scritto sulle bende di una ferita, è un atto di filosofia non soltanto stoica, è il sunto di una dottrina non soltanto politica; è l'educazione al combattimento, l'accettazione dei rischi che esso comporta; è un nuovo stile di vita italiana.

. Noi non crediamo ai programmi dogmatici, a questa specie di cornici rigide che dovrebbero contenere e sacrificare la mutevole cangiante complessa realtà.

. Il Fascismo deve insegnare agli italiani non la coerenza formale ed artificiosa, ma la coerenza profonda e fondamentale della vita.

DOCUMENTI IN APPENDICE

RELAZIONI MONOGRAFICHE:

1) MISTICA FASCISTA E MISTICA TOTALITARIA
(di Mario Rivoire)

Quando si parla di « Mistica fascista », come del resto in genere quando si faccia uso del vocabolo « mistica » dandone un'interpretazione politica, è facile avvertire un duplice ordine di reazioni, le une di natura intellettuale, le altre di natura religiosa. Le prime reazioni sono di chi giudica pericolosa e nefasta ogni mistica, in quanto introduce l'irrazionale in un mondo che egli vede tutto e solo razionale; le altre sono di chi, Mal adattandosi a sentire attribuita alle cose di questo mondo una terminologia che è del mondo della religione, ritiene profondamente irreligioso, e quindi immorale oltre che sommamente pericoloso, parlare di mistica in un senso terreno. Può accadere, ed accade, che le due reazioni, anziché elidersi, vengano a sommarsi. Ma, più che considerare l'incontro di correnti che dovrebbero essere per loro natura antitetiche, a noi preme riconoscere come la « mistica » operi da infallibile reagente per saggiare la tempra rivoluzionaria del fascista. S'egli la negherà o se l'accetterà con qualche riserva tacita od espressa, egli potrà possedere molte tra le qualità del fascista, ma sarà privo di una, fra tutte essenziale e insostituibile: l'intolleranza, che è il modo personale e soggettivo d'intendere e di praticare l'intransigenza. Gli mancheranno quel senso del partito preso e quella particolare faziosità, schiettamente popolare e popolaresca, che accompagnano il corso del Fascismo sin dalle origini. Una faziosità, la nostra, che non ha nulla di partigiano, ed è anzi per sua natura unitaria e totalitaria, come del resto appare a chi consideri gli episodi salienti del cammino rivoluzionario. La Marcia su Roma, ad esempio, non fu voluta e compiuta dal Fascismo perchè una parte trionfasse sull'altra, ma per risolvere il dualismo in cui si dibatteva e intristiva la vita italiana, fra lo Stato parlamentare ridotto a vuota impalcatura avulsa dalla vita della Nazione e il nascente Stato fascista che, vivo nella Nazione come realtà politica, sindacale e militare, ancora non trovava lo sbocco alla sua affermazione integrale. Similmente dicasi del 3 gennaio che, dando inizio al Regime totalitario, ricomponeva e rinsaldava l'unità che la secessione aventiniana aveva cercato di rompere, in un postumo tentativo controrivoluzionario paragonabile alla controrivoluzione preventiva fallita con lo sciopero legalitario dell'agosto 1922. In un recente fascicolo della *Revue des Deux Mondes*, il professore Luigi Marlio, membro dell'Istituto di Francia e sacerdote di un non meglio identificato neo-liberalismo, dedica un lungo studio alle « Mistiche totalitarie ». Codeste mistiche sarebbero la fascista, la nazista e la comunista e sono viste dal Marlio (che si sofferma soprattutto sulla comunista e sulla nazista) come un fenomeno antireligioso, miscuglio di superstizione e di paganesimo che si sviluppa « precisamente nel momento in cui le religioni vacillano ». Sarebbero, insomma, un surrogato deteriore delle religioni e, irrimediabilmente intrise di materialismo, assumerebbero la parvenza della religione (o, diremmo meglio, della religiosità), senza raggiungerne la pienezza della luce ideale. « Quando l'individuo è dominato da istinti materiali, da appetiti e da odii che a volte si vergogna di confessare — scrive fra l'altro il Mario — egli prova nell'intimo del suo essere una vaga nostalgia della religione perduta, abolita o proibita, e si aggrappa volentieri a quelle pseudo-religioni che sono i miti per dedicare ad essi quel bisogno di credere che non ha sfogo. Egli compie un atto di fede e di obbedienza e si sente ingrandito di fronte a se stesso se questo nuovo mito, al quale si abbandona, gli insegna che perseguendo la felicità terrena sotto una forma generosa o brutale, buona o cattiva, obbedisce ad una forza superiore che lo conduce e lo giustifica. La sua fierezza s'accresce quando la mistica evoca ai suoi occhi la grandezza del fine da raggiungere, il trionfo della propria classe, della propria razza, della Nazione o, in una parola, il compimento d'una missione per la quale è stato eletto ». Pur essendo costretto, nel corso dell'indagine, a constatare che vi sono tra la mistica nazista e la mistica fascista « dietro la simmetria delle facciate » alcune « differenze di fondo che si manifestano ogni giorno di più e che si spiegano facilmente », il Marlio ritiene di dover conglobare tutte le mistiche totalitarie in una comune riprovazione, esaminandone l'evoluzione e concludendo per la loro irreparabile decadenza. Il dio della mistica totalitaria sarebbe, secondo lo studioso francese, l'*uomo collettivo*, implacabile nemico dell'*uomo individuale*. Quest'uomo collettivo sarebbe un'astrazione ancora più falsa dell'*homo oeconomicus* caro agli economisti liberali, un mostro formato da tutto ciò che appartiene a uomini educati e viventi in comune. « Ma i cervelli — afferma il Marlio — non si sommano, al contrario: si neutralizzano o si distruggono. Perciò l'uomo collettivo è senza cervello. Possiede, in compenso, tutti gli elementi dell'attività umana che possono essere sommati: gli istinti, la forza, la passione ». Facendo propria l'opinione d'uno scrittore tedesco antinazista, il Foerster, le scrittore francese ritiene che la bestia dell'Apocalisse non sia « questo o quel despota, ma il male collettivo, vale a dire l'abbrutimento e la « dispiritualizzazione » dell'uomo ».

* *

Con tutta la possibile indulgenza per le ragioni della propaganda (sono evidenti e il fine e il sottinteso propagandistici d'una simile critica che appunta i suoi strali soprattutto contro il nazismo e il bolscevismo), non si può negare che le conclusioni del Marlio siano per lo meno affrettate e superficiali. Se i danni di quello ch'egli definisce il « male collettivo » sono innegabili, di gran lunga maggiori e assai più comprovati sono i disastri cagionati dal « male individuale » nel quale egli vorrebbe farci ricadere. Se l'uomo collettivo ch'egli avversa è nutrito d'astrazioni, non lo è meno di quell'uomo medio che egli presenta come « scelto per incarnare le qualità generali e le disposizioni particolari d'una razza e d'una Nazione ». « Quest'uomo — egli dice — ragiona e riflette, agisce, lavora e decide, obbedisce e comanda, ama e soffre. È un uomo completo, omogeneo, vivo ». Ma questo non è l'uomo medio più di quanto non sia l'uomo collettivo; è puramente e semplicemente l'uomo senza aggettivi, l'uomo del Fascismo. Dove potremo raggiungere l'*uomo medio* caro al Marlio come ad altri scrittori di Francia? Sinora egli si è manifestato, in regime di democrazia parlamentare, sotto i panni dell'elettore. E proprio il voto, rendendo gli uomini simili a monete di uguale valore o a bulloni intercambiabili d'una stessa macchina, ha cancellata la molteplicità dell'uomo e ne ha irreparabilmente obliterata, la personalità. Di più; stabilendo attraverso l'elettoralismo una artificiosa e fittizia eguaglianza giuridica, codesto *uomo medio* — che può essere tanto il cittadino elettore quanto il famoso uomo della strada — coincide con la più retriva cristallizzazione di disuguaglianze di fatto ed è la fonte più vera e maggiore d'ogni malessere e d'ogni agitazione sociale. Proiettata dal piano delle relazioni fra gli uomini nello Stato al piano delle relazioni fra gli Stati e fra i popoli, una stessa concezione formale dell'eguaglianza ha prodotto quei danni dei quali il Marlio e altri scrittori della stessa tendenza vorrebbero far ricadere la colpa sulle mistiche totalitarie. Queste, se come non esitiamo a riconoscere, deviano a volte dal loro punto di partenza, sono pur sempre la manifestazione dell'esigenza umana volta ad eliminare o ad attenuare i danni di un'altra mistica, ben altrimenti deleteria e che ha oramai esaurito ogni slancio, la mistica individualista che, veramente intrisa di materialismo, ha creduto di cristallizzare in una parvenza giuridica l'ingiustizia più palese e patente.

* *

Da queste rapide considerazioni appare che la critica del Marlio alle mistiche totalitarie pecca dalla base, anzi dalle basi, e si ritorce in definitiva contro chi ha creduto di muoverla. Ma soprattutto una simile critica non si attaglia alla mistica del Fascismo che, se è assimilabile alle mistiche totalitarie, ha pure suoi caratteri propri che la fanno inconfondibile. Essa non è nè un surrogato nè un sottoprodotto della religione, nel cui campo non incide; ma, tutta tesa e centrata nel fatto umano, non rinnega nè dimentica il divino. Giacché si parla di frequente di « ritorno alle origini », conviene ricordare che il Fascismo è nato da uno stato d'animo, cioè da un atteggiamento che è agli inizi soggettivo e individuale, tanto che non sarebbe azzardato affermare (senza indulgere a certo precursorismo che respingiamo come un travestimento di Fascismo) esservi stati dei fascisti prima ancora del Fascismo. Erano, codesti, fascisti inconsapevoli e poterono dirsi compiutamente fascisti solo quando d'uno stato d'animo incerto e fluttuante il Duce, attraverso l'opera di educazione e di costruzione politica, riuscì a fare una forza rivoluzionaria ed un Regime fondati su una dottrina di carattere universale. Se fascisti si nasce, lo si diventa anche ogni giorno, sicché è sempre necessario tener vivo quello stato d'animo certamente mistico (perchè espressivo dell'aspirazione al reale, alla vita più alta e più piena che è propria della coscienza umana), stato d'animo che è alla prima radice del movimento fascista. Ogni misticismo è legato al suolo nel quale è nato. Epperò la mistica del Fascismo non è in contrasto con la religione professata, con la verità rivelata. Piuttosto in un Paese quale il nostro, nel quale la forza della religione fa che meno intensa sia la religiosità, la mistica fascista introduce una particolare religiosità dalla quale la religione medesima — se non altro indirettamente — non può non uscire rafforzata. Totalitaria,

106

in quanto introduce nella vita degli individui e del popolo il senso dello Stato e l'aspirazione per il collettivo, la mistica del Fascismo nega recisamente ogni disumano livellamento e ogni gregarismo irresponsabile. La mistica del Fascismo è volontaristica; mistica totalitaria non esclude, bensì esige che vengano sommati anche e specialmente i cervelli, i quali, anziché elidersi o distruggersi, si completano e si armonizzano. Collettiva, la mistica del Fascismo è anche e soprattutto fondata sul contributo delle responsabilità, che è quanto dire delle personalità; difende quindi e rassoda anziché combattere o affievolire l'individualità dei singoli. Fondamentale della nostra Dottrina è questa proposizione mussoliniana: *« L'individuo nello Stato fascista non è annullato, ma piuttosto moltiplicato, così come in un reggimento un soldato non è diminuito, ma moltiplicato per il numero dei suoi camerati »*. E dal momento che decisiva per ogni misticismo è l'esperienza, che implica in maniera tipica un determinato modo di concepire e condurre la vita, la mistica del Fascismo è anche e soprattutto rivolta ad intendere e seguire il Fascismo come modo di vita, riportandoci ancora dal collettivo al singolare, ricordandoci ancora che il Fascismo non esiste e non vive se non esistano e non vivano i fascisti.

* *

Eccoci dunque a ciò che distingue in maniera decisiva la mistica fascista da ogni altra mistica totalitaria e ne fissa forse nel modo più univoco l'ufficio di perenne rinnovamento rivoluzionario: la mistica fascista non può esistere se non come mistica del fascista. Nel Fascismo non vi sono fascisti mistici e fascisti razionali, ma, in ognuno, sarà più o meno vivo, più o meno sensibile a seconda del temperamento e anche col mutare delle circostanze, un elemento, un momento mistico, quello che fa distinguere a colpo d'occhio coloro che vorrei chiamare i « fascisti irriducibili » dai fascisti imborghesiti o mimetizzati o dai semplici tesserati. Senza voler creare un mondo di mistici che sarebbe il peggior mondo nel quale vorremmo vivere (e che rischierebbe, fra l'altro, di riuscire tanto esasperato nel suo individualismo da cadere o nella sterilità contemplativa o nella lotta disperata di ognuno contro tutti), non solo è nostro dovere mantener viva codesta scintilla, ma anche far sì che si alimenti e si diffonda perchè è la sola che possa darci la partecipazione attiva del popolo alla vita dello Stato, partecipazione che è il postulato ed il fine d'ogni nostra costruzione politica. Questo compito è del

Partito, organo della Rivoluzione continua. E, nel Partito, è dei fascisti come gregari che legati dal giuramento, al disopra d'ogni ordine gerarchico, direttamente al Capo e solo al Capo, hanno il dovere d'intendere che una Rivoluzione non si sviluppa come civiltà, ma rapidamente si cristallizza e decade in amministrazione, quando non abbia per suoi portatori dei rivoluzionari. Di qui la necessità, che potrebbe sembrare escluda la mistica ed è all'opposto garanzia della sua integrità, di una perenne autocritica, di un'assidua revisione polemica, che ci dica se e di quanto ci siamo allontanati dalla nostra rotta, e perchè ce ne siamo allontanati, e se si tratti di deviazione o di derivazione. Lungi dal rinnegare i valori umani che si vorrebbero difendere contro le mistiche totalitarie, quei valori trovano oggi la loro difesa, l'unica possibile e la più vera di tutte, nella mistica del Fascismo. Se tutta l'opera del Fascismo – attraverso il Partito – è indirizzata ad incidere sul costume, la mistica pone l'accento sul carattere, che del costume costituisce ad un tempo l'insostituibile premessa ed il necessario coronamento. Nè antireligiosa nè irreligiosa, rispettosa ed esaltatrice della personalità umana, la mistica fascista intesa e praticata soprattutto come mistica del fascista può e deve essere riconosciuta, oltre che come la più compiuta espressione dell'educazione politica degli Italiani (quella che ne riforma il costume collettivo, in quanto è lo specchio del carattere dei singoli), come una manifestazione dell'inesauribile realismo politico degli Italiani i quali, nel loro antico e vivo senso d'umanità, sanno raggiungere l'armonia più compiuta, perchè la più dinamica, della ragione col sentimento.

2) **I TRE TEMPI DELLA RIVOLUZIONE**

(di Sergio Panunzio)

Le rivoluzioni, parliamo delle vere rivoluzioni, quelle ideali e spirituali, che alimentano di sè il grande fiume della storia, passano per tre tempi: mistico, politico, amministrativo. Che cosa è la rivoluzione? Essa è un'idea potente, impetuosa, gagliarda, che urta, rompe, scompone, vince, che vuole vincere, che si afferma, che s'impone, che s'incorpora con la realtà, con cui fa storia. Essa è, in una parola, una nuova concezione dello Stato, lo Stato nuovo che si forma. Le rivoluzioni sono le vere epifanie della storia. Per capire la rivoluzione bisogna risalire all'idea ed al movimento dell'idea. Lo Stato — mai fu adoperata una parola più falsa — non è mai fermo ed in riposo. Lo Stato è sempre in movimento perchè scosso e agitato da forze e da correnti spirituali. Vi sono crisi materiali, e crisi ideali dello Stato. Queste ultime sono le rivoluzioni. Le crisi materiali dipendono da cause e da agenti materiali; l'agente perturbatore e provocatore delle rivoluzioni è sempre l'insofferente ed insaziato spirito sociale dell'uomo. Nel primo tempo, il tempo mistico, l'idea vive chiusa, raccolta, e gelosa, in uno stato di purezza, nel più profondo dello spirito. È in un uomo, in pochi uomini che vivono e palpitano stretti intorno al primo, che l'idea è chiusa e raccolta in sè. Se il momento mistico vuol dire momento ineffabile dello spirito, in questo primo momento la rivoluzione non è, nemmeno essa, un'idea espressa, formulata e formulabile. Essa è un'illuminazione della coscienza, un dono superiore, un'ispirazione, più che un'idea, un'intuizione. Più e meglio che stabilire che cosa essa sia, dobbiamo vedere donde essa trae le sue origini. L'idea è un prodotto dello spirito. L'idea rivoluzionaria è un prodotto dell'insofferente ed insaziato spirito sociale dell'uomo. Non c'è misticismo senza dolore ed un velo di passione sull'anima. È da uno stato di sofferenza, di profonda e tragica sofferenza, è da uno stato di dolore, da quello che si può e si deve chiamare il dolore o se più piace il pathos sociale, che la rivoluzione, nel suo primo tempo, deriva. Ma con ciò è anche detto e stabilito che collegando noi la filosofia della rivoluzione alla filosofia del dolore e dello spirito, che collochiamo storicamente la rivoluzione nel quadro del mondo moderno, che non è e non si svolge prima del Cristianesimo. Moderne pertanto, non antiche sono le rivoluzioni di cui discorriamo, e alle quali si applicano i tre tempi sopra indicati. Moderna la filosofia del dolore; moderna la filosofia della rivoluzione. Chi è pago e soddisfatto di ciò che c'è, chi rimane e vuol rimanere fermo alle posizioni che il mondo sociale circostante gli presenta, non sente la rivoluzione, questa è fuori del suo spirito, non fa la rivoluzione. La premessa filosofica e psicologica di questa è un turbamento dell'anima, e prima che la rivoluzione sia un turbamento delle cose e delle istituzioni, essa è un turbamento inesprimibile della coscienza. È quando, è dopo che l'idea ha scavato il solco nell'anima, e ha immesso nelle profondità di questa le sue radici inestirpabili, che essa, in un secondo tempo, esce fuori di sè, vede la luce, fa la sua apparizione, e, bramosa di mescersi alla vita e di realizzarsi nella storia, entra in uno stato di lotta, animata dall'istinto furente della battaglia e della volontà conquistatrice della vittoria. Siamo al secondo tempo, al, tempo politico della rivoluzione. Il primo, il momento, ineffabile e mistico, del dolore, della creazione — anche l'artista quando crea in uno stato di dolore, di passione e di turbamento, senza di che vi è ordinario amministrazione ma non vi è estro —; il secondo il momento dell'affermazione della lotta, della lotta politica. Siamo al tempo in cui l'idea, la nuova idea, scende sul terreno, armata di tutto punto, vestita di colori vermigli e fiammanti, per scontrarsi con le altre idee che tengono nelle loro mani i poteri dello Stato e lo Stato stesso. Alla nuova idea corrisponde il nuovo partito, il partito rivoluzionario, che è il portatore, il titolare, la personificazione di essa. Alle vecchie idee corrispondono i vecchi partiti. L'urto fra il vecchio e il nuovo ha insieme la forza della volontà e, della fatalità. Il cozzo è fatale ed irresistibile. La nuova idea non vuole compromessi e transazioni. Deve realizzarsi; vuole realizzarsi. Di qui la sua intransigenza, il suo essere totalitario, il suo divenire piano e assoluto. I vecchi partiti stanno al negativo; essi, non sanno che opporsi, non conoscono che l'opposizione, non sanno porre cose nuove e nuovi valori, non sanno gettare nel solco nuovi germi. Il grande seminatore della vita è il nuovo partito. I vecchi partiti — ecco tutto — lottano per non morire; il nuovo partito lotta per vivere e per produrre le nuove forme della vita sociale. Sta tutto qui, in questo momento della lotta, il secondo tempo della rivoluzione, il tempo politico. Quale è la conclusione della lotta? Non può essere che una sola, come di ogni guerra. La sconfitta da una parte, la vittoria dall'altra. I vecchi partiti cadono, il nuovo trionfa. Il vincitore può essere vendicativo, ossia negativo anch'esso, o generoso. Le grandi rivoluzioni nell'ora del trionfo s'ispirano alla legge superiore della generosità.

110

Ma, superato il momento della lotta, comincia il periodo non meno difficile e faticoso dei precedenti, comincia il terzo tempo, il tempo che si può dire amministrativo ossia giuridico, quello in cui l'idea, apparsa prima come una intuizione dello spirito, vincitrice dopo nella lotta, si esplica, si traduce e si realizza da ultimo nei suoi istituti giuridici e nelle sue adeguate forme istituzionali. È il momento della vita piena, e della piena efficienza dell'idea e della benefica comunicazione della sua possanza agli uomini e alla società degli uomini. Ai tre tempi della rivoluzione può dirsi che corrispondano questi tre momenti: il Partito, il Regime, lo Stato. Ed allora diremo, per comprendere e sintetizzare in una formula, i tre tempi della rivoluzione che, l'idea si fa partito; il partito si fa regime; il regime si fa Stato. Con ciò non si vuole affermare che i tre tempi della rivoluzione così distinti siano puntualmente e cronologicamente separati e separabili l'uno dall'altro, per modo che cessa meccanicamente uno di essi e comincia altrettanto meccanicamente l'altro. L'analisi astratta deve qui cedere invece alla continuità storica. In effetti, il momento mistico continua sempre ed il suo fuoco deve essere sempre acceso, e guai se, in qualunque istante la fiamma si smorzi o solo si illanguidisca. Come pure, anche durante il periodo amministrativo o della realizzazione giuridica dell'idea, continua e non cessa la lotta politica, ed anche se questa si attenui all'interno per fronteggiare ed impedire le forze ed i conati controrivoluzionari più o meno esternamente in agguato, non cessa di svolgersi all'esterno contro le forze internazionali. Non è nemmeno necessario il riferimento di questi tre tempi alla rivoluzione fascista. Ma chi non tiene presente la tragedia passionale, l'acuto dolore, lo stato mistico dello spirito del Capo e dei suoi più immediati seguaci e gregari nei primi anni, dal 23 marzo 1919, del movimento? La stessa parola « movimento » da sola dice tutto. Già prima dell'intervento nella guerra mondiale il Duce porta in sè la violenta insoddisfazione del socialismo e del partito socialista, il primo ed il secondo inadeguati ed incapaci di esprimere e di realizzare l'idea sociale e politica che egli porta nel suo cuore. Finita la guerra, Egli sente ancora più forte la sofferenza perchè la guerra non ha portato, come doveva portare i nuovi valori umani e sociali, per l'incapacità delle vecchie classi dirigenti. Aggiungi l'acuto dolore, la protesta ed il grido dell'anima per gli insulti alla Vittoria, la manomissione del valore e dei valori di essa. È in questa situazione di spirito, dì dolore, di odio, d'ira, che la prima idea del movimento comincia ad affermarsi. Si rileggano, tutti gli articoli del

Popolo d'Italia del 1919, particolarmente quelli scritti immediatamente dopo le tristi ed oscure elezioni politiche del novembre dello stesso anno. Più che alla lotta esterna, siamo al vero stato di rivolta e di tensione della coscienza. Siamo al primo tempo, al tempo mistico della rivoluzione. L'idea si è generata e vive della sua vita più intensa e più raccolta nel centro dello spirito. La rivoluzione è movimento. Qualche anno più tardi, nel novembre 1921, il movimento divenne partito. Entriamo nel pieno del secondo tempo, quello della Lotta politica. Momenti culminanti di questo periodo sono il 28 ottobre 1922, il 3 gennaio 1925. È al congresso del Partito del giugno 1925, che, debellate e polverizzate tutte le opposizioni, con la formula totalitaria pronunziata dal Duce: « tutto il potere a tutto il Fascismo », s'inizia il terzo tempo della piena e assoluta realizzazione amministrativa e giuridica dell'idea fascista, periodo che si svolge tuttora, che dura, che è destinato a durare, che è ora massimamente intensivo. Ma, come si è osservato, se è presente e dura il terzo tempo della rivoluzione fascista, è presente, specie nell'ordine internazionale, il secondo tempo, e quel che più conviene notare, è presente e dura il primo. È questo primo tempo, il fuoco che mai si spegne e che è sempre ardente, il tempo più essenziale. A questo tempo, poiché la Mistica non è una logica ed una scienza, ma un'etica ed una pedagogia, bisogna sempre che si ritorni. Ma dico male: ritorno. Non si tratta di ricordo e di ritorno, ma di assoluta attualità. Al primo tempo devono ritornare tutti con la mente; ma nel primo tempo devono vivere particolarmente i giovani, e più che i giovani gli adolescenti ed i giovanetti, perchè è proprio l'adolescenza l'età mistica dello spirito, ed è proprio l'anima adolescente, che con l'educazione e la pratica fasciste dobbiamo come immergere interamente nell'atmosfera ideale calda e vibrante del primo tempo della Rivoluzione.

3) CARATTERE TRADIZIONALE DELLA MISTICA ROMANA E ITALIANA E LINEMANETI DI MISTICA FASCISTA
(di Emilio Bodrero)

Misticismo è complessa parola che non può essere usata se non con i suoi caratteri specifici e nel suo preciso significato. Sarebbe estremamente pericoloso adoperarla avventatamente od estenderla a manifestazioni arbitrariamente considerate come affini, e ciò proprio perchè essa può sconfinare da quelli che sono i suoi precisi termini e degenerare in deformazioni che totalmente la svisano, in quanto altre forme d'attività spirituale o pratica sembra le somiglino là dove invece non rappresentano che o una contraffazione od addirittura un' antitesi. Basta riflettere che sotto un punto di vista puramente obiettivo, il misticismo conduce agli stessi risultati dello scetticismo. Il mistico in fatti tende al contatto immediato con il divino, svalutando quanto si può conoscere con la ragione; per lui il sapere è solamente il vestibolo della mistica. Lo scetticismo esprime una analoga sfiducia nelle forze della ragione, poiché per lo scettico la mente umana non può cogliere nessuna verità in torno alla realtà delle cose. Svalutazione nel primo, sfiducia nel secondo, costituiscono una posizione analoga del mistico e dello scettico, di fronte alla ragione umana; con la differenza che lo scettico fa entro di sè il vuoto (in cui Cartesio edificherà il suo razionalismo o per cui Kant stimolato da nume si risveglierà dal famoso sonno dogmatico) il mistico invece tutto se stesso riempie di una fiamma esclusiva e veemente che brucia e consuma ogni altra realtà spirituale. Ed infatti mistico è parola che si ricongiunge etimologicamente al verbo che in greco, per le labbra o per gli occhi, significa chiudere, ond' essa ci riporta a creatura che non vede e che non parla. Conviene premettere che il misticismo è atteggiamento esclusivamente religioso e che la sua applicazione ad altri campi ha valore puramente analogico od allegorico. Ora di là dal misticismo filosofico, l'italiano non è mai stato un mistico integrale, così come non è stato filosofo puramente teoretico, ma ha mirato, attraverso la filosofia, a problemi concreti, nè poeta esclusivamente artista, ma sempre anche poeta civile. Il misticismo italiano è sempre stato costruttivo e non puramente contemplativo, stimolatore e non rinunciatario, se no è sempre stato se mai frammentario, eccezionale, episodico, contingente, isolato, accessorio e non caratteristico e specifico di un atteggiamento della nostra anima. Il nostro misticismo ha note sue particolari che lo inquadrano nella storia del nostro pensiero e della nostra vita psichica in modo assolutamente diverso da quello in cui può apparire altrove. Conviene non confonderlo con il romanticismo, isolarlo da fatti esasperati, puramente laterali alla storia religiosa e genericamente spirituale del popolo italiano, applicarlo, ora, nel suo significato largamente politico. A parte talune manifestazioni sporadiche, di provenienza greca e più di lontano orientale che giungono sino al culto mitriaco, i Romani ebbero una loro mistica essenzialmente politica che infiammò e colori di sè l'idea di Roma. Da Ennio a Rutilio Namaziano, e di qui alla concezione mistica durata lungo tutto il medio evo sino al Petrarca e agli Umanisti, Roma è costituita come una divina entità, con tutti gli attributi degli Dei, a cominciare da quello dell'eternità. Tale concetto di eternità, dai Romani esteso allo Stato ed all'Impero, non corrispondeva ad una parola di orgogliosa retorica, ma ad un principio politico che come tale appare per la prima volta nella storia. Conferiva esso allo Stato la prerogativa più alta degli Dei immortali, onde Roma e l'idea di civiltà da lei rappresentata dovevano essere indipendenti ed inattaccabili da uomini, da gruppi, da caste, da masse. La perfezione della costituzione aveva voluto lentamente attuare un impero in cui, a differenza di quelli temporanei dei tiranni e di quelli autocratici ed assoluti dell'Oriente, l'autorità del capo dello Stato fosse collegata con tutti quei correttivi di legalità che, senza sminuire il valore e l'efficacia della sua umanità, questa purificasse da ogni eccesso, da ogni vanità, e da ogni incoerenza. Roma non tollerò mai la sovrapposizione del tiranno e dell'autocrate, ma, dalla fine delle guerre puniche in poi, sognò il governo dell'uomo solo, accettato per generale consenso, quale dittatore o imperatore. Dell'uomo si aveva paura, come re che potesse restaurare l'antica monarchia straniera, ma non lo si temeva, anzi lo si desiderava come capo. Tiranni ed autocrati avrebbero potuto essere Scipione, i Gracchi, Mario, Silla, Catilina, Pompeo, poiché ciascuno di essi avrebbe rappresentato uno dei particolarismi della repubblica patrizia ed oligarchica o plebea e demagogica, violentemente assunto al potere. Dittatori ed imperatori furono invece per primi Cesare ed Augusto che riuscirono ad incarnare in sè, specialmente il secondo, l'uomo ed il *non uomo* nella costituzione politica, il che voleva dire l'uomo facente parte di una istituzione a lui superiore, misticamente e praticamente concepita. D'altra parte, sull'uomo e lo Stato esisteva nel mondo classico tutta una letteratura

114

politica e morale, ricca e pensosa quale nessun'altra epoca ha mai più raggiunto, contenuta specialmente nei sistemi politici e morali dei filosofi e dei costituzionalisti greci, troppo però astratti e letterari per esser pratici. Più ancora i Romani tennero conto dell'esperienza realistica tratta dalle vicende dell'Oriente, della Grecia, di Roma monarchica e repubblicana e quei sistemi e queste esperienze codificarono in una forma di Stato teleologico in cui, come nella concezione di Dio, motore immobile, di Aristotele, la divinità di Roma creava una mistica operante dall'imperatore sino all'ultimo cittadino. La rivoluzione romana, la quale, come tutte le rivoluzioni doveva essere transitoria e temporanea, si era trasformata in regime, e questo doveva avere i suoi caratteri di stabilità e di legalità. In esso l'uomo doveva essere posto in condizione di non poter nuocere all'istituzione, la quale era necessario fosse considerata come permanente, immutabile, granitica; l'uomo doveva sentirsi subordinato ad un potere superumano che era automaticamente imperiale, senza possibilità di oscillazioni e d'irrequietezza. La grandezza di Roma consisté proprio in questa coscienza della sua immortalità che la rendeva superiore a tutte le fatali debolezze umane. L'eternità rendeva impossibile il personalismo perchè l'uomo transeunte si sentiva ben piccolo di fronte ad un'istituzione eterna e non poteva perciò farne una cosa sua, colorirla di sè, sfruttarla come una proprietà. Il suo orgoglio doveva essere di servirla nel modo migliore, nell'interesse delle cose in sè, con il sentimento sempre presente della sua immutabile perpetuità. Questa faceva sì che l'uomo non avesse facoltà di modificarla nelle sue linee essenziali e nelle sue idee fondamentali, nè potesse maneggiarla a profitto della sua vanità; l'uomo inferiore non doveva poterle nuocere, e l'uomo era tanto più grande quanto più dimostrava di subordinarsi disinteressatamente all'idea di una Roma eterna. L'eternità, caratteristica degli Dei, fu attribuita dunque a Roma per fissare la sua divinità, non nel senso religioso che ha oggi questa parola, ma in quello religioso antico che era anche senso civile. L'eternità nel tempo diventò universalità nello spazio, ambedue espressioni di una superiore umanità, identificata con la romanità, che seppe conseguire l'unità imperiale del genere umano. L'eredità fu raccolta dalla Chiesa Cattolica, identica in questo schema all'Impero Romano, così come, quanto all'idea dello Stato, fu la costituzione della repubblica di Venezia. La mistica imperiale e la mistica cattolica coincidono proprio nell'efficienza stimolatrice di un'idea centrale assunta quale motrice, ed operante come sentimento : essa dev'essere pari alla forza coesiva ed a quella di gravità che tengono incrollabilmente in piedi una gigantesca piramide. Bisogna credere fermamente nella divinità e negli attributi dell'Impero, della Chiesa, della Nazione, ed operare seguendo l'ispirazione di questa fede dogmatica, la quale dev'essere come una sentinella vigilante nel cuore di ogni romano, di ogni cattolico, di ogni italiano e servire di ragguaglio permanente alla pratica ed all'azione. Tale concetto si è tramandato lungo tutta la nostra storia ed è divenuto caratteristico della nostra vita nazionale la quale ci presenta sempre un misticismo interiore che ispira ed armonizza in un mirabile equilibrio se stesso con la pratica e con l'azione. San Benedetto, patrizio romano, fondò il suo grande ordine religioso per contrapporlo agli eccessi mistici, inumani, sterili del monachismo solitario e solamente pregante, cioè egoistico, determinandone il precetto generale in quell'*ora et labora* in cui apparivano separate ed insieme unite la contemplazione e l'azione. San Francesco e Santa Caterina, i Santi protettori d'Italia e, per definizione di Mussolini, i più santi degli Italiani ed i più Italiani dei santi, appartengono alla storia religiosa della più alta mistica ed insieme a quella politica della pratica più aderente alla realtà dei problemi, lasciando sotto questo aspetto a qualche distanza i loro corrispondenti spagnoli, Sant'Ignazio e Santa Teresa, anch'essi però mistici e pratici insieme. La Chiesa Cattolica del resto ha sempre ripudiato il puro misticismo ed ha sempre voluto, nella sua dottrina, la più stretta armonia e la più efficace collaborazione della fede e della ragione. Vi furono mistici italiani quali San Bernardo o San Bonaventura che diedero maggior peso all'affetto che alla cognizione, come in Francia i Vittorini, quando si avvertì la differenza tra una mistica tedesca di cui era banditore il maestro Eckehardt, ed una mistica che fu chiamata romanza ; ma qui siamo di fronte a pura filosofia, a polemica di scuole, ad esterne determinazioni verbali. Una mistica rivoluzionaria non può dare luogo da noi, come credo in qualunque altro paese, che a manifestazioni di incomposto fanatismo, come fu con i Flagellanti od i Fraticelli nel medioevo, e fino ai giorni nostri, nell'episodio stranissimo di Davide Lazzaretti. Se il misticismo non è che entusiasmo, degenera nell'enfasi e nella peggiore retorica, e corre il pericolo di diventare volgare superstizione, che è la china meno dignitosa verso cui abbia a precipitare una decadenza; se lo si confonde con il romanticismo, esso non si riduce che a pietosa e sterile effervescenza psicologica, a sentimentalismo artificiato, a commozione sdolcinata e transitoria. Parimenti lo si falsa se lo si assume come ascesi, che è fatto singolo, senza ripercussioni nella pratica e valevole tutto al più come esemplarità, ben inteso fuor d'ogni campo politico. Se dunque di mistica vuole parlarsi, bisogna tener presenti tutte le direttive che a noi impone la nostra tradizione e per ciò considerare gli stadi per i quali si deve passare per attuare l'universalità fascista. Roma creò la sua mistica quando si avvide che l'avere risolto un gigantesco problema umano com'era quello delle relazioni dei cittadini fra di loro e con lo Stato, le conferiva una responsabilità universale che le dava non il diritto ma il dovere di creare l'impero, facendo partecipe tutto il genere umano della civiltà che essa aveva instaurato. Nuovamente Roma sentì questa necessità quando, avendo dato forma politica e pratica al Cristianesimo per mezzo del Cattolicismo, risolse un altro grande problema umano, quello delle relazioni tra la morale e la fede, e divenne perciò responsabile di un'altra civiltà di cui, di nuovo, tutto il genere umano doveva esser partecipe. Perchè un'istituzione sia degna di essere concepita misticamente bisogna che essa bandisca un'idea universale, tale da rappresentare la soluzione umana, valevole perciò per tutto il genere umano, di un problema universalmente sentito. Di mistica fascista deve dunque parlarsi in funzione di un'idea che possa essere misticamente concepita ed universalmente sentita. Il problema del tempo nostro è quello delle relazioni tra la morale e l'economia, della cui soluzione i termini si trovano nei principii dello Stato Corporativo. Costituita ed attuata tale dottrina giustificatrice del nostro imperialismo spirituale, bisogna creare la pedagogia politica che prepari gli uomini i quali debbono renderla universale. I giovani dell'avvenire debbono sentirsi eredi di Roma e seguire le orme di tutte le generazioni che li hanno preceduti nella storia d'Italia, dallo sbarco di Enea in poi, dal momento che ciascuna delle grandi istituzioni imperiali che rilevano il loro nome da Roma e dall'Italia, impero romano, cattolicismo, Venezia, ha avuto una sua meravigliosa pedagogia politica onde si sono formati i quadri imperiali. Bisogna educare gli Italiani ad essere mistici e pratici insieme, sentendo misticamente e quasi religiosamente la loro missione, come templari d'Italia, ma in pari tempo sapendo essere forti e colti, morali e soldati, austeri e signori. Bisogna che essi siano impregnati dell'idea redentrice ed universale del Fascismo e temprati a sostenerla. E' essa ispirata, e lo ripeto, da *virtus* romana e da *amor* cristiano, ma deve vivere e divenire civile realtà in funzione dell'Italia. Mazzini e Gioberti, su due sponde opposte, non altrimenti sognarono l'universalità italiana e romana. L'Italiano imperiale deve potersi educare per dire così due anime, una nazionale, onde l'Italia sia per lui la terra benedetta, la più nobile e la più gloriosa che esista, ove è nata l'idea redentrice; l'altra mondiale ed umana onde l'idea si universalizza e diviene civiltà, espansione, necessità per gli uomini tutti. Ed infine occorre che della nostra mistica il mondo abbia conoscenza in modo da sentire che siamo forti e convinti. Bisogna andare incontro al genere umano che attende da noi la grande parola e bisogna lottare per pronunciarla e per imporla. Furono egualmente proconsoli romani i grandi condottieri della Repubblica e dell'Impero come i grandi Santi che evangelizzarono tutta l'Europa. Condottieri santi, nel nome d'Italia ci occorrono, dotati di persuasione e di entusiasmo, di serietà e di cultura, di elevazione e di poesia, di esperienza e di audacia, di dignità e di coraggio. Debbono essi per prima cosa conoscere l'uomo, le nazioni, i problemi e sapere adattare la parola italiana e fascista alle singole condizioni e persino alle innumerevoli sfumature psicologiche dei popoli a cui si dirigono. Roma, per imporre la sua civiltà, si servì d'ogni mezzo, della forza e della persuasione, della saggezza politica, giuridica, amministrativa, ed, all'occorrenza, della corruzione, dell'esempio e, sopra ogni altra cosa, della giustizia. Formazione dell'idea che giustifichi una mistica, preparazione della gioventù a sentirla e ad attuarla, propaganda nel mondo, sono le fasi per cui è indispensabile passare per creare un impero degno di questo nome e del nome italiano. Il decalogo dell'indimenticabile Arnaldo nel cui nome venerato questa mistica si attua, tratteggia il fascista esemplare che noi vagheggiamo: bisognerebbe che ogni fascista potesse solennemente pro-mettere od orgogliosamente dichiarare o lealmente dimostrare che nella sua vita da quei sacrosanti principii non si è mai allontanato e non si allontanerà mai: nudo alla meta e nudo dopo la meta. In essi si contiene tutta la morale fascista; ma oltre ad essere fedeli a questa, noi abbiamo un grande compito da assolvere, che è il primo dovere nostro verso il Duce. Dobbiamo pre-parar per Lui quella nuova Italia che Egli ha instaurato e fondare quelle istituzioni che continuino nel tempo la sua azione, realizzino la sua ispirazione, esaudiscano nell'avvenire la passione italiana di cui Egli è il più alto testimonio vivente. Per mezzo del Fascismo dobbiamo confermare l'eternità di Roma.

Elenco relazioni monografiche I.° TEMA: "Tradizione anti-razionalistica e anti-intellettuale del pensiero degli italici".

LANZANI CAROLINA: *«Polibio »*.
BATTAGLIA TIZIANO: *«Catone il Censore »*.
CIACERI EMANUELE: *«Da Catone a Cicerone e da Livio a Tacito »*.
D'ALBA SERGIO: *«Marco Aurelio »*.
FERRARI FRANCESCO: *«L'indiamento della vita in S. Bonaventura »*.
VILLELLI GENNARO: *«Un mistico dello Stato: Machiavelli »*.
SEGAGNI ALDO: *«Il carattere storico della dottrina corporativa fascista ed il pensiero economico di Botero »*.
CIRIBINI SPRUZZOLA ADA: *«L'antirazionalismo di G. B. Vico attraverso l'elaborazione del metodo critico storico nel pensiero animamatore del «De nostri temporis studiorum ratione » e della « Scienza nuova »*.
FLORES D' ARCAIS GIUSEPPE: *«Antirazionalismo di Gianbattista Vico »*.
GALDERISI GALDO: *«Gianbattista Vico »*.
BARTOLO GIUSEPPE: *«Della solitudine del Vico e della nazionalità del pensiero italiano»*.
SPAGGIARI ALCIDE: *«Gianbattista Vico »*.
ROBERTI GIOVANNI: *«La scuola storico-giuridica napoletana »*.
DEL CASTELLO ANTONIO: *«Il rosminiano Agostino Tagliaferri »*.
TUNI GIOVANNI: *«La mistica nel pensiero di Giuseppe Mazzini »*.
BOLOGNESI CESARE: *«La mente e il cuore di Carlo Pisacane »*.
AVENATI CARLO ANTONIO: *«Cesare Balbo mistico e costruttore del Risorgimento »*.
BERTOZZI MARIO: *«Corradini »*.
COSTA FLAMINIO: *«La mistica in Gabriele D'Annunzio »*.
FABIANI FRANCO ROCCO: *«Arnaldo Mussolini poeta della famiglia»*.
BODRERO EMILIO: *«Carattere tradizionale della mistica romana e italiana e lineamenti di mistica fascista »*.
STEFANINI LUIGI: *«Varietà di atteggiamenti mistici in rapporto alla forma specifica degl'Italici »*.
SCIACCA MICHELE FEDERICO: *«Antintellettualismo e antirazionalisino della filosofia italiana »*.
PAVESE ROBERTO: *«Caratteri del pensiero italico »*.
GRIMALDI ALFASSIO DI BELLINO UGOBERTO: *«Le tradizioni e i fondamenti e i valori del nostro antintellettualismo »*.
PADOVANI UMBERTO: *«Perchè il Fascismo è una mistica »*.
BRUNELLI FAUSTO: *«Perchè siamo dei mistici »*.
POLTRONIERI GIOVANNI: *«Deduzioni e caratteri di una mistica umana »*.
MAGGIORE GIUSEPPE: *«Razionalismo, volontarismo, misticismo, romanticismo nella politica »*.

GAMBA CARLO: *«Mistica, razionalismo, illuminismo »*.
UMANI GIORGIO: *«Sull'urgenza di rivedere le posizioni materialistiche da cui muovono le scienze positive e specialmente la biologia »*.
EVOLA JULIUS: *«Sul concetto di mistica fascista e suoi rapporti con la dottrina nella razza »*.
RAGUSO STEFANO: *«Intorno ai rapporti tra la nuova forma di Stato e la filosofia contemporanea »*.
BONATELLI PAOLO: *«Pensiero, volontà e mistica »*.

Comunicazioni verbali

GUZZO AUGUSTO: *«S. Agostino »*.
FORCHIELLI GIUSEPPE: *«Il pensiero e la pratica di S. Agostino intorno alla vita comune nel clero »*.
BOLOGNESI CESARE: *«Machiavelli nel pensiero e nella critica di A. Oriani »*.
GILOTTA GIUSEPPE: *«Foscolo e la tradizione culturale italiana antintellettualistica »*.
PRINI PIETRO: *«L'antirazionalismo di Antonio Rosmini »*.
GROPPALI ALESSANDRO: *«Il concetto di rivoluzione nelle opere di Giuseppe Mazzini »*.
CARABALLESE PANTALEO: *«Originalità italiana e valore romano e attuale della mistica mazziniana »*.
POLTRONIERI GIOVANNI: *«La mistica mazziniana dell'unità e della missione e suo inveramento nella mistica Fascista »*.
GIACALONE MONACO TOM: *«Gustavo Le Bon e la mistica »*.
SINAGRA VINCENZO: *«Alfredo Rocco »*.
BOCCHIOLA MARCO AURELIO: *«Antirazionalismo e irrazionalismo»*.
GUSTARELLI ENRICO: *«Il senso della storia »*.
PERTICONE SAVERIO: *«Tradizione antirazionalistica e antintellettualistica del pensiero degli italici »*.
DONAGGIO Prof. ARTURO: *«Considerazione sulla tradizione antiintellettualistica del pensiero degli italici »*.
MURARO MICHELANGELO: *«Arte intellettualistica »*.

Elenco relazioni monografiche II.° TEMA: "Caratteristiche e momenti mistici della storia d'Italia".

MOLINARI RENATO: *«Mistica della romanità dalle origini ai Comuni».*
GAROFALO ALFONSO: *«La rivelazione della volontà di Roma nella lotta contro i Galli invasori ».*
CORSELLI RODOLFO: *«La rivelazione della volontà di Roma, portatrice dei valori mediterranei, contro i semiti di Cartagine ».*
GIANNELLI GIULIO: *«La rivelazione della volontà di Roma, portatrice dei valori mediterranei, contro i semiti di Cartagine ».*
LEO DALBA: *«La rivelazione della volontà di Roma, portatrice dei valori mediterranei, contro i semiti di Cartagine ».*
BONARDI DINO: *«I fondamenti spirituali dell'impero di Ottaviano ».*
D'ALBA SERGIO: *«I fondamenti spirituali dell'Impero di Ottaviano ».*
MOR CARLO GUIDO: *«Il risveglio di elementi latini nel secolo XI ».*
MUSSINI CESARE: *«Il valore sintomatico della battaglia di Legnano ».*
DABBENE NAPOLEONE: *«Il valore sintomatico della battaglia di Legnano ».*
FERORELLI NICOLA: *«Il Piemonte e la missione italiana di Casa Savoia nell'età moderna».*
VIGLIANI LUIGI: *«Lealismo Dinastico e coscienza nazionale in Piemonte nel secolo XVII».*
TESTA ALDO: *«Mistica dell'imperialismo spirituale di Roma ».*

Comunicazioni verbali
CAPPIELLO LUIGI: *«Cesare e Vercingetorige ».*
MOLINARI RENATO: *«La battaglia di Ostia ».*
VIGLIANI LUIGI: *«La genesi della coscienza nazionale in Piemonte ».*
MUSSINI CESARE: *«Il Risorgimento ».*
MONTI ANTONIO: *«Mistica del Risorgimento e Mistica del Fascismo».*

Elenco relazioni monografiche III.° TEMA: "Valore e funzione della Mistica nella dinamica della Rivoluzione Fascista".

CIARLANTINI FRANCO: *«Del valore educativo dell'intransigenza nella prassi fascista »*.

MARZIALI GIOVANNI BATTISTA: *«Mistica dell'Arditismo »*.

MORONI MARIO VITTORIO: *«Mistica del combattente squadrista »*.

LEPORE FELICIANO: *«Mistica e rivoluzione »*.

BAGHINO FRANCESCO GIULIO: *«Perchè dobbiamo essere mistici »*.

FABBRI VITTORIO EMANUELE: *«Il Fascismo è mistica »*.

ROMANO SALVATORE FRANCESCO: *«Misticismo fascista »*.

CARLINI ARMANDO: *«Misticismo fascista »*.

FORNI FEDERICO: *«Mistica della Rivoluzione Fascista »*.

FEBBRAJO MARIO: *«Caratteri e potenzialità della mistica Mussoliniana »*.

D'EMILIA ALESSANDRO: *«Sul fondamento storico dogmatico della mistica fascista »*.

RIVOIRE MARIO: *«Mistica fascista e mistica totalitaria »*.

CIRESE ALBERTO MARIO: *«Rivoluzioni e Rivoluzione Fascista »*.

FABIANI FRANCO ROCCO: *«Mistica e dinamica del Fascismo »*.

CUTELLI STEFANO MARIO: *«Valore e funzione della mistica nella dinamica della Rivoluzione fascista »*.

MARTINOLI ETTORE: *«Valore e funzione della mistica nella dinamica della Rivoluzione fascista »*.

GALDO NICOLA: *«Valore e funzione della mistica nella dinamica della rivoluzione fascista»*.

SANTINI IRENE: *«Valore e funzione della mistica nella dinamica della rivoluzione fascista»*.

BOCCINI LUCIANO: *«Valore e funzione della mistica nella dinamica della Rivoluzione Fascista »*.

CHILANTI FELICE : *«Valore e funzione della mistica nella dinamica della Rivoluzione continua »*.

CROPPI ORESTE: *«Valore e funzione della mistica nella dinamico della Rivoluzione fascista»*.

RJAVEC LUIGI: *«Valore e funzione della mistica nella dinamica della Rivoluzione Fascista »*.

MELATI ERCOLE: *«Valore e funzione della mistica nella dinamica della Rivoluzione fascista »*.

TITTA ALFIO: *«Valore e funzione della mistica nella dinamica della Rivoluzione continua »*.

DE STEFANO ANTONIO: *«Valore e funzione della mistica nella dinamica della rivoluzione fascista »*.

FANTINI ODDONE: *«Funzione essenziale della mistica per la continuità della Rivoluzione Fascista »*.

GIUFFRIDA ELIO: *«Funzione essenziale della mistica per la continuità della Rivoluzione Fascista »*.

RASPELLI GIUSEPPE: *«Funzione essenziale della mistica per la continuità della Rivoluzione ».*

PENNISI PASQUALE: *«Mistica del Fascismo e continuità della Rivoluzione ».*

PULLE' FRANGIOTTO e BAGALA' GAETANO: *«Per la conservazione del clima rivoluzionario ».*

PANUNZIO SERGIO: *«I tre tempi delle rivoluzioni ».*

MADIA LUIGI: *«I tre momenti delle rivoluzioni ».*

CARATI ANGELO: *«Mistica e la persona umana nella concezione fascista della vita ».*

CAVEZZALI PAOLO: *«Mistica fascista - Mistica umana ».*

CALTABIANO SALVATORE: *«Mistica politica e mistica religiosa nel-concezione fascista della vita ».*

RUGGI LORENZO: *«Differenze ed analogie fra cristianesimo e Fascismo».*

RICCI BERTO: *«Mistica fascista e unità sociale ».*

MANUNTA UGO: *«La mistica nella vita sociale ».*

PERSICO EMIDIO: *«La mistica e il lavoro ».*

SELVA IRMA ALBA: *«Mistica del Lavoro ».*

GUIGLIA GIACOMO: *«La Mistica nel pensiero economico italiano e nel corporativismo ».*

PELLEGRINI FRANCO: *«Valore della mistica nella metafisica economica corporativa ».*

LEONARDI GIUSEPPE: *«L'idea mistica dell'autarchia ».*

SORRENTINO MICHELANGELO: *«Mistica dell'autarchia ».*

MEDUGNO DOMENICO: *«La cooperazione fascista elemento di mistica economica ».*

SALERNO BRUNO: *«Mistica della terra, dinamica rivoluzionaria e valori della politica agraria fascista ».*

FODALE ERNESTO: *«La riforma amministrativa dello Stato Fascista».*

MACEDONIO NICOLA: *«Mistica dell'autarchia giuridica ».*

VECCHIA RUGGERO: *«Esistenza e funzione di una mistica del razzismo e suoi rapporti con la mistica fascista ».*

ALTINI GIUSEPPE: *«Funzione dinamica e mistica della razza nel quadro della Rivoluzione continua ».*

COSELSCHI EUGENIO: *«La mistica dell'imperialismo fascista ».*

ACITO ALFREDO: *«L'impero nella tradizione di Roma e nella concezione fascista ».*

CALENDOLI GIOVANNI: *«I valori mistici nella dinamica della politica estera fascista ».*

FASSIO BONANNI AMALIA: *«Funzione essenziale della mistica per l'espansione della Rivoluzione. Osservazioni sull'ambiente albanese».*

CURI EGIDIO: *«La mistica nella scuola e nella G.I.L. ».*

ROGNONI GASTONE: *«La mistica e la scuola fascista ».*

TUMMINELLI MICHELE MARIA: *«Valore e funzione della mistica nella dinamica della scuola fascista ».*

PUCCI PUCCIO e NICOLAI RANIERO: *«L'etica dello sport - lo sport come strumento di ascesi morale ».*

Per le edizioni "Lulu.com", nella collana "Biblioteca del Covo", sono stati pubblicati i seguenti volumi:

1) *Venti Anni – a cura del P.N.F. ; vol. 1°, Dottrina, Storia e Regime.*

2) *Venti Anni – a cura del P.N.F. ; vol. 2°, L'ordine corporativo e la difesa sociale.*

3) *Venti Anni – a cura del P.N.F. ; vol. 3°, Guerra e Impero.*

4) *Scritti e discorsi di Alfredo Rocco, vol. 3°, La formazione dello Stato Fascista.*

5) *Dizionario di politica del Partito Fascista – antologia , vol.1, A-I.*

6) *L'Ideologia del Fascismo – il fondamento razionale del totalitarismo.*

7) *Saggio sul pensiero filosofico e religioso del Fascismo.*

8) *Dizionario di politica del Partito Fascista – antologia, vol. 2, L-V.*

9) *Dizionario di politica a cura del Partito Nazionale Fascista-Antologia,Volume unico.*

10) *Pro Caesare – Saggio sulla dottrina fascista come concezione politica religiosa.*

11) *Sergio Panunzio – Il sindacalismo ed il fondamento razionale del fascismo.*

12) *La Dottrina del Fascismo – Terza edizione riveduta.*

13) *Roberto Michels e l'ideologia del fascismo.*

14) *Sintesi della Dottrina fascista.*

15) *Fascismo e Libertà – verso una nuova sintesi.*

16) *Insegne e Miti: teoria dei valori politici.*

17) *Attualità del Covo.*

18) *L'Etica nel Fascismo e la Filosofia del Diritto e della Storia.*

19) *L'Identità Fascista – edizione del decennale, 2007 – 2017, riveduta ed ampliata.*

20) *Lo Stato Corporativo.*

21) *Elementi di Economia e di Diritto Corporativo.*

22) *Roma e il Fascismo.*

23) *Mistica Fascista.*

ANNOTAZIONI

9 781716 475849